美国研究译丛

美国研究译丛编委会

主任委员 　　黄　平

副主任委员　倪　峰　周　琪

委　　　员　（按姓名拼音排序）

　　　　　　　楚树龙　甘　阳　胡国成　黄　平　贾庆国

　　　　　　　金灿荣　倪　峰　秦亚青　孙　哲　陶文钊

　　　　　　　王缉思　周　琪　朱云汉

编辑助理　　罗伟清　张　超　白玉广

历史的回归和梦想的终结

〔美〕罗伯特·卡根 / 著
(Robert Kagan)

陈小鼎 / 译

The Return of History and The End of Dreams

社会科学文献出版社
SOCIAL SCIENCES ACADEMIC PRESS (CHINA)

Robert Kagan

The Return of History and The End of Dreams

ⓒ 2008 by Robert Kagan

This translation published by arrangement with Alfred A. Knopf, an imprint of The Knopf Doubleday Group, a division of Random House, Inc. All Rights Reserved.

本书根据 Vintage Books 2009 年版译出

献给我的父亲

导　读

美国在世界上扮演着怎样的角色？
美国应该如何与世界其他部分打交道？
美国的实力和影响是否处于衰落之中？
美国衰落后的世界将会变成什么模样？
…………

长久以来，诸如此类的问题一直是美国政策界、学术圈和思想库讨论和争论的焦点。2008年以来，由于始自美国的全球性经济危机对西方国家的负面冲击，以及以中国为代表的非西方世界的崛起，美国的主导地位及其所代表的治理模式的稳固性都在受到深刻质疑,美国知识精英在这些问题上的争论也变得尤为激烈。

大体而言,美国知识界对上述问题的回答可以划分为以下几个宽泛的派别。

第一派是孤立主义者或新孤立主义者。根植于美国外交政策中的悠久传统,他们认为过多地卷入全球事务、承担太多的全球责任是美国实力消耗的原因。为了避免进一步衰落,美国应该以自我为中心,专注于自身事务尤其是内部事务,避免过多地卷入外部冲突和争端中,减少美国的国际承诺及其实际承担的国际义务。

第二派是现实主义者。怀着对均势政治的信念和权力滥用危险的担忧,他们倾向于认为在权力政治和不平衡发展的作用下大国兴衰和力量对比的变动是必然的现象。美国面临的问题在于避免超强实力遭到过分滥用,为了避免其他国家对美国的不满和制衡,美国应该审慎地使用自身权力,减少在全球的干预和介入,更多地采取离岸制衡的策略。通常认为,现实主义者以主张权力政治和自我利益著称,但实际上现实主义者总是站在反对美国对外干涉的前列。

第三派是自由国际主义者。他们主张美国应借助国际制度和多边主义来维持自身霸权,由于美国在二战之后缔造了一套既符合自身利益又支撑自由民主秩序的国际制度,美国具有仁慈霸权的性质。即便走向衰落,美国仍然可以借助国际制度,与民主国家盟友一道继续维持对美国利益和价值观有利的国际秩序。

第四派是新保守主义者。在他们眼中,美国作为单极强权的事实并未改变,美国实力地位的衰落更多的是一种担忧而非事实。作为自由秩序的缔造者和领导者,美国应该利用自身的超强实力,尽可能扩展自由、民主等价值观,在必要的情况下可以使用武力和依靠单边手段。

孤立主义在美国有着悠久的历史,但近几十年来由于美国的超强实力及其全球扩展,这种思潮在美国知识精英中并不普遍,反倒是在民众中有一定的代表性。现实主义曾经在冷战时期主导美国外交政策的决策制定,但在冷战后大多是以对美国外交政策的批评意见的面目出现的。在意识形态和主流价值的影响下,自由派知识分子在当今美国占据主导,因此自由国际主义和新保守主义两种思潮对冷战后美国外交政策的影响尤为明显。

自由国际主义和新保守主义都认定美国具有仁慈霸权的性质,主张美国对外政策应该反映自由民主的价值理念,致力于维护美国霸权、扩展自由秩序。但是,对于如何实现这一总体目标,两派存在巨大的分歧。具体而言,自由国际主义强调国际制度、多边机制、民主国家盟友的作用,而新保守主义强调美国有必要施展自身实力和维持自身行动的自主性,并不受到国际制度、规范和盟友的限制。

罗伯特·卡根是新保守主义阵营的代表人

物,他出版了多部专著和大量评论文章为新保守主义的外交政策理念进行鼓吹。总体而言,贯穿卡根著述的主旨是:美国是国际舞台上的单极国家和主宰力量,当今国际秩序的核心是由美国塑造的自由开放的国际经济体系以及自由民主的价值理念;一旦美国衰落,这套秩序也将不复存在;最为危险的情况是,中国、俄罗斯等威权国家的崛起或复兴将会冲击自由、民主等基本价值观念;为了防止糟糕的情况发生,美国自身以及民主国家盟友应该一道维持美国的实力和地位。

认识到卡根的核心思想,我们就不难理解这套译丛收录的三本著作中他所阐述的具体观点:他在《历史的回归和梦想的终结》中质疑那种认为自由主义已经扫除了一切敌人的"历史终结观",认为自由主义与专制主义之间的竞争仍是历史的主线;在《天堂与权力》中,他对欧洲人与美国人渐行渐远、想要享受自由秩序的好处又不愿意坚定地站在美国一边帮助维持这一秩序的做法进行诘难和讽刺;在《美国缔造的世界》中,他否认美国的实力正在走向衰落,同时又警告美国衰落将导致其缔造的自由秩序随之崩溃。

归结为一点,这三本著作都从不同侧面为美国主导下的秩序辩护,认定美国秩序不仅符合美国自身利益,而且这套秩序的扩展也符合世界其他国家和人民的利益。一如历史上的所有强盛国家,美国政府以及这个国家的知识精英们倾向于认为自己的行动是为了世界和平、正义和福祉的目的。然而,当付诸现实时,这些美好词语主要是根据居于主导地位的国家的偏好来定义的,因为它们手中掌握着定义和解释的权力。

在过去 20 年间,新保守主义与自由国际主义两种思潮在美国外交政策决策圈中的影响相互交替、此起彼伏。在最近结束的美国总统大选中,也明显表现出这两种思潮的角力,奥巴马团队中有许多自由国际主义阵营的旗手,而罗姆尼团队则主要是新保守主义阵营的大将(包括卡根在内)。

尽管奥巴马的再次当选表明，自由国际主义的风头暂时盖过了新保守主义，不过值得注意的是，这两种思想本身是同源的，它们之间的区别更多体现在维护和延续美国霸权的手段和策略上，而且在美国外交政策决策圈也存在合流的趋势。因此，关注美国国内思潮的变化，了解新保守主义的核心主张、兴衰流变及其在美国外交政策中的影响，对于观察美国国内政治、外交政策以及中美关系的发展都是十分必要的。

刘　丰

2012 年 11 月 16 日

对该书的评价

"在这一重要而及时的佳作中,罗伯特·卡根告诉我们,'历史的终结'不过是种错觉。当前的全球性挑战使民主国家面临严峻的考验。本书如同一记警钟,无论是决策者、政治家还是权威学者,所有想在21世纪地缘政治的危险水域中寻求出路的人都将从中获益。"

——参议员 约翰·麦凯恩(John McCain)

"罗伯特·卡根再次完成了一部发人深省且富有创见的重要著作。本书将重塑我们对世界、对美国的使命和我们必须遵循的行为原则的思考方式。《历史的回归和梦想的终结》是所有关注美国外交政策前途之人的必读书目。本书证明,罗伯特·卡根是我国不可或缺的重要战略家。"

——参议员　约瑟夫·利伯曼（Joseph Lieberman）

"针对形成中的世界均势及美国的适当定位,卡根提出了一个雄辩有力、令人不安,但最终仍充满希望的见解。在一场将深刻影响下届美国总统外交政策的争论中,卡根的观点不容忽视。"

——前美国驻联合国大使　理查德·霍尔布鲁克（Richard Holbrooke）

"罗伯特·卡根为我们描绘了一幅既繁杂又简约的世界图景。这是一个美国占据主导却又无法支配的世界,在这里,权力和威望的斗争一如既往。权力受意识驱使,而最重要的意识正是权力理念:民主或是专制。所有的一切在这一百多页中都得到了形象、生动且精妙的展现。"

——欧盟理事会成员 罗伯特·库珀(Robert Cooper)

目录 | Contents

1. 序章 1
2. 希望与梦想 4
3. 大国民族主义的回归 15
4. 俄罗斯的崛起 19
5. 中国的崛起 40
6. 日本:向正常大国回归 60
7. 印度与权力之争 67
8. 伊朗与区域霸权 77
9. 野心勃勃的超级大国 81
10. 民主轴心与集权俱乐部 90
11. 伊斯兰激进派的无望之梦 133
12. 美国霸权的善与恶 141
13. 推动民主国家的协调 158
14. 结论 165

1. 序 章

世界再次回归正常。冷战刚结束后的那些年,人们激动地看到了新型国际秩序的曙光。那时,有的国家更加紧密地团结在一起,有的国家消失了;意识形态冲突融化了,文化通过越来越频繁的自由贸易与交流而相互融合。现代西方民主世界深信冷战结束终结的不仅是一次而是所有的战略与意识形态冲突。民众和他们的领导人期盼着一个"焕然一新的世界"。①

---

① 这一说法是由前总统乔治·H. W. 布什(George H. W. Bush)和他的国家安全顾问布伦特·斯考克罗夫特(Brent Scowcroft)为解释冷战结束时美国的外交政策而提出的。George Bush and Brent Scowcroft, *A World Transformed* (New York, 1998)。

但这只是海市蜃楼,世界并没有改变。在大多数地方,民族国家依旧强大,同样强大的还有民族主义野心、激情以及塑造历史进程的国家间竞争。美国依然是唯一的超级大国。大国间的国际竞争再次上演,美国、俄国、欧盟、中国、印度、日本、伊朗等竞相争夺区域主导权。地位与影响力之争再次成为国际舞台的核心特征。同时,自由主义与集权主义之争重现,世界大国根据自身制度的性质来站队。此外,伊斯兰激进派与现代世俗文化及强权这一古老的斗争又一次爆发。在伊斯兰激进派看来,这一激烈的斗争已经渗透、污染、控制了伊斯兰世界。在这三大斗争的结合与碰撞中,关于国际关系新时代的愿景已经消退。我们进入了一个充满分歧的年代。

随着后冷战时代梦想的破灭,民主世界只能考虑如何应对。近年来,随着作为集权国家的俄罗斯与中国的崛起以及伊斯兰极端主义者不断挑起的斗争,民主世界开始分裂,注意力分散于那些深远或琐碎的问题。它们开始质问自身的目的与道德观,争论权力与伦理,并相互指责彼此的失误。不团结已经削弱并使民主国家士气低落。历史重新回归,民主国家必须共同去塑造,否则其他国家就会按照它们的需要对历史加以塑造。

2. 希望与梦想

在 20 世纪 90 年代初期,西方世界的乐观主义思潮并不难理解。社会主义帝国的瓦解,俄罗斯对民主制的皈依,仿佛都在预示着一个全球大一统时代的到来。冷战中不共戴天的冲突双方突然塑造了诸多的共同目标,包括实现经济、政治一体化。即便是 1989 年政治风波的发生以及 1993 年之后俄罗斯也显示出种种的不稳定态势,美国与欧洲绝大多数人仍然坚信中国与俄罗斯都将走向自由主义道路。叶利钦时期的俄罗斯似乎坚定地承诺要奉行自由主义的政治经济模式,并与西方世界实现进一步整合。而中国政府则坚持经济开放,西方世界深信无论中国领导人是否愿意,这一举措必将带来中国的政治开放。

这种决定论是后冷战时期西方思潮的主要特征。在经济全球化时代,西方国家普遍认为,民族国家要在竞争中求生存,别无他途,只能选择自由化,经济先行,政治随后。随着经济的发展以及人均收入的提高,成长中的中产阶级必将要求在立法与行政方面获取更多的权力,而统治者为了国家的繁荣也不得不应允。既然民主资本主义是最成功的社会发展模式,那么所有国家终将走上这一道路。在意识形态层面的战争中,自由主义大获全胜。正如福山的著名论断:"历史已经终结,自由民主主义再也不存在有力的意识形态竞争对手。"[1]

---

[1] Francis Fukuyama, *The End of History and the Last Man* (New York, 1992), p. 211.

后冷战初期的经济与意识形态层面的决定论派生了两大设想,西方国家的政策与预期都以此为出发点。其一,历史的发展是单向度的,人类的进步具有不可置疑的必然性。这一信条诞生于启蒙运动时代,在20世纪野蛮的战争中有所动摇,随着社会主义阵营的陷落又获得新生。其二,耐心与克制是解决问题的良方。较之对抗、挑战集权政治,这更适用于投入全球经济,支持法律规则与强大国家制度的创造,以及让无法阻挡的人类进步力量尽情展示其魔力。

当全世界聚焦于共享源自启蒙运动的自由主义基本原则时,后冷战时代的伟大任务就是要构建一个更好的由法律与制度所支配的国际体系,实现17、18世纪启蒙思想家所作出的预言。正如康德所设想的:一个由自由政府组成的世界将是一个没有战争的世界。在全球化时代,商品与观念的自由流动将是消解人类冲突的解毒剂。又如孟德斯鸠所言:"商业的自然效应是通向和平。"①古老的启蒙运动梦想之所以突然成为可能,是由于国际自由主义的显著胜利以及世界大国在地缘政治与战略利益上开始走向一致。1991年,乔治·布什总统在"世界新秩序"的演讲中指出,"无论东西南北,世界各国都能够实现和谐共处、共同繁荣;法治将全面取代丛林法则;各国充分意识到维护自由与正义的共同责任。这将是一个前所未有、与众不同的世界"。②

世界之所以看起来很不一样主要是因为苏联发生了剧变。如果不是苏联突然奇迹般地解体并于1989年后开始转型,没有人会认为历史已经终结。苏联的转型与之后俄罗斯的外交政策都是相

---

① 引自 Thomas L. Pangle and Peter J. Ahrensdorf, *Justice among Nations: On the Moral Basis of Power and Peace* (Lawrence, Kans., 1999), p. 159。

② "Toward a New World Order," address to a joint session of Congress by President George H. W. Bush, September 11, 1990.

当不寻常的。源自自由理念的和平影响力完全重构了俄罗斯的世界观,或者至少看起来如此。[1] 在冷战的最后几年,莫斯科"新思维"的倡导者呼吁全面团结,打破东西方界限,实现彼此的接近,成就戈尔巴乔夫所提出的"普世价值"。叶利钦时代初期,在科济列夫(Andrei Kozyrev)担任外交部长期间,俄罗斯显然要坚定地加入后现代的欧洲。莫斯科不再用领土和传统的势力范围来界定利益,而是更多地考虑到经济整合与政治发展。俄罗斯放弃全球争霸重提区域霸权,采取了从邻国撤军、削减防务开支、寻求与欧美结盟等措施。概括而言,塑造俄罗斯外交政策的主要前提是承认与西方利益的一致性。简言之,俄罗斯的愿望就是寻求归属。[2]

---

[1] Fukuyama, *The End of History and the Last Man*, p. 263.

[2] Dmitri V. Trenin, *Getting Russia Right* (Washington, D. C. ,2007) ,p. 70.

开启于戈尔巴乔夫时代的俄罗斯民主化导致了国家领导人重新界定和重新评估俄罗斯的国家利益。莫斯科之所以能够放弃对东欧的帝国式控制,放弃扮演超级大国的角色并不是因为战略环境发生了变化,而是由于莫斯科的体制已经发生了改变。很显然,较之 1975 年,1985 年的美国对苏联更具威胁。一个正在进行民主化的俄罗斯无须惧怕美国也不必担忧民主联盟的壮大。①

如果俄罗斯能够放弃传统的大国政治,那么世界其他国家也能如此。马丁·沃克(Martin Walker)在 1996 年写道:"地缘政治的时代已经让位于可称之为地缘经济的时代。"活力的新标志变成了出口、生产力与增长率。与此同时,重大的国际聚会的主

---

① "所有这些之所以能够发生,是因为苏联和东欧的新兴民主力量比欧洲的现实主义者们更好地理解了民主国家几乎不会对彼此构成威胁这一道理。" Fukuyama, *The End of History and the Last Man*, p. 264.

要内容是经济强国之间的贸易协定。[1] 国家间的竞争尽管还在继续,但这将是和平的商业竞争。经贸往来密切的国家彼此间诉诸战争的可能性在降低。正在发展的商业社会在国内外都将呈现出更加和平的态势。民众都在积极追求繁荣,尽力克服、放弃那些曾经在历史上制造冲突的要素,包括原始激情、为忠诚与荣耀的争斗以及部族仇恨等。

古希腊人相信有一种根植于人性的精神,即捍卫氏族、部落、城邦、国家的勇敢与残暴。而启蒙运动的观点则是商业会缓解并终将消灭存在于人民与民族之间的这种勇敢与残暴的情绪。正如孟德斯鸠所言:"哪里有商业,哪里就会存在温和的行为方式与道德。"[2]只要存在合理的国际结构、合理的政治与合理的经济体系,人性就能够得以

---

[1] Martin Walker, "The Clinton Doctrine," *The New Yorker*, October 7, 1996.

[2] 引自 Pangle and Ahrensdorf, *Justice Among Nations*, pp. 159–160。

改善。自由民主能够制约暴力、侵略等这些人类的自然本性,不仅如此,福山还进一步指出,"它也能够从根本上转化这些自然本性"。①

因此,传统国家利益的冲突已是过眼云烟。政治学家曼德尔鲍姆(Michael Mandelbaum)则推测"欧盟将是21世纪世界组织模式的先行者"。② 自由国际主义学者约翰·伊肯伯里(G. John Ikenberry)更是把后冷战世界描述为"一个民主与市场在世界范围蓬勃发展;全球化将作为历史前进的动力而被铭记;意识形态、民族主义与战争处于低潮的新时代"。③ 这

---

① Fukuyama, *The End of History and the Last Man*, p. 263.
② Michael Mandelbaum, *The Ideas That Conquered the World: Peace, Democracy and Free Markets in the Twenty-first Century* (New York, 2002), p. 374.
③ G. John Ikenberry, "Liberal International Theory in the Wake of 9/11 and American Unipolarity," paper prepared for seminar, "IR Theory, Unipolarity and September 11th—Five Years On," NUPI (Norwegian Institute of International Affairs), Oslo, Norway, February 3-4, 2006.

是自由主义国际秩序的全面胜利。

对美国人而言,苏联的解体不啻是实现长期追求的全球领导地位的天赐良机,他们深信美国的领导将受到全世界人民的欢迎、拥抱。美国人一直自视为世界最重要的民族,是天定的领导者。早在美国大革命时期,富兰克林就曾提及:"美国的意愿就是全人类的意愿。"冷战之初,艾奇逊(Dean Acheson)就明确指出:"美国是人类前行的火车头,而其他国家仅仅是看护车厢的。"冷战后,美国依然是不可或缺的国家。这是因为只有美国拥有基于共同理由整合国际社会的能力与意愿。[①]正如副国务卿塔尔伯特(Strobe Talbott)所言:"在世界新秩序中,美国的强大与伟大不仅仅在于获取、维持对他者的主导权,更在于能够为了作为整

---

① Dean Acheson 引自 Robert L. Beisner, *Dean Acheson: A Life in the Cold War* (Oxford, 2006), p. 372; Second Inaugural Address, William J. Clinton, January 20, 1997。

体的国际共同体的利益而与他者合作。"①

当美国人看到世界新秩序强化了其自我定位时,欧洲人则相信世界新秩序将在欧盟之后实现模式化。兼具学者与外交官身份的罗伯特·库珀(Robert Cooper)认为,欧洲正在引领世界走向后现代时代,传统的国家利益与权力政治将让位于国际法、超国家制度与主权集中与共享。那些曾经困扰人类与欧洲的文化、种族与民族主义的分裂能够通过共享的价值观与经济利益而得到克服。与美国一样,欧洲也呈现出扩张的态势,但采用的是后现代的方式。库珀设想正在壮大的欧洲联盟是一种志愿性质的帝国。老式帝国常常向其他国家强加自身的法律与治理体系。但在后冷战时代,谁也不会再向其他国家强加什么。为了致力

---

① Strobe Talbott, "Hegemon and Proud of It: No Apologies for Being the Only Superpower—and Acting Like It," *Slate*, June 27, 1998 (online).

于自由与民主,国家都十分渴望加入欧盟式的合作性帝国。一场"自我征税的自愿运动正在开展"。[1]

虽然这些充满希望的期许在不断提升,但在我们的视野中仍然存在阴云。全球性分歧的显现、固执的文化传统、文明、宗教以及民族主义都在抵制或削弱对民主自由主义与市场资本主义的接近。后冷战时期核心设想的破灭几乎与它的形成同样迅速。

---

[1] Robert Cooper, "The New Liberal Imperialism," *The Observer*, April 7, 2002.

3. 大国民族主义的回归

人类历史上对新时代的期许通常是建立在一个独特国际环境的基础上,即传统大国竞争的暂时性缺失。数世纪以来,大国之间为了争夺影响力、财富、安全、地位与荣耀而进行的斗争成为冲突与战争的主要源头。在冷战中的 40 多年里,冲撞仅限于美苏两大超级大国。严密的两极秩序抑制了其他大国参与国际竞争这一正常取向的出现。当苏联在 1991 年解体后,突然间只剩下美国一家独大。这时俄罗斯相当虚弱:国内政治士气低落且处于骚乱之中、国民经济濒临崩溃、军事实力急剧下滑。而1989年政治风波后的中国则处于孤立、紧张不安与反省之中,经济发展前景不明确,军事上又没有为现代高科技战争做好准备。而崛起于20世纪80年代的经济强国日本在1990年遭受了股票市场的灾难性冲击,陷入了长达10年的经济衰退。当时的印度也还没有开始进行经济改革。而作为大国竞争的发源地,欧洲已经抛弃了权力政治并十分欣赏自身的后现代制度。

就在这时,像基辛格这样的地缘政治现实主义者就提出警告,这种国际环境无法持续,因为国际竞争根植于人性之中,必将重现。虽然所谓由美国、中国、俄罗斯、日本与印度等实力大致均等的国家组成的全球多极体系即将出现的预期被证明是错误的,但现实主义者对不可变更的人性有着更加清醒的认识。世界并没有面临大转型,仅仅是处于无休止的人民与民族间竞争的一个暂停而已。

在20世纪90年代,竞争开始重现,一个又一个崛起中的大国加入或重新加入国际竞争领域。先是中国,后是印度,带来了前所未有、大幅度的经济增长率,随之而来的是包括传统军事领域与核武器在内的军事能力的持续增长。在21世纪初期,日本开始了缓慢的经济复苏,努力在外交与军事领域扮演更加积极的角色。紧随其后的俄罗斯依靠巨大的石油与天然气出口实现了稳定增长,走出了经济困境。

当前,一种新的权力形态正在重塑国际秩序。正如中国战略家所指出的,这是一个"一超多强"的世界。[1] 民族主义与民族本身并未被全球化真正削弱,现在已经报复性地重返国际舞台。种族民族主义在巴尔干与原苏联加盟共和国持续升温。但更为显著的是大国民族主义的回归。代替

---

[1] Rosalie Chen, "China Perceives America: Perspectives of International Relations Experts," *Journal of Contemporary China* 12, No. 35 (May 2003), p. 287.

世界新秩序的是,利益的冲突与大国的野心重新产生了联盟与敌对联盟,还有那些19世纪外交官马上就能分辨出的伙伴关系的苦心经营与分化组合。同时,这还产生了大国雄心重叠与冲突的争议性地缘政治断层线,未来的灾难性事件很可能在这里爆发。

4. 俄罗斯的崛起

其中的一条断层线是沿着俄罗斯西部和西南部边境线展开的。在格鲁吉亚、乌克兰和摩尔多瓦,在爱沙尼亚、拉脱维亚和立陶宛等波罗的海国家,在波兰、匈牙利和捷克共和国,在高加索和中亚,甚至在巴尔干半岛,一场关于复苏的俄罗斯同欧美两大阵营之间的竞争正在进行。欧亚大陆的西端并不如期望中的那样是一块和平之地,它再一次成为了争夺的竞技场。

如果说俄罗斯在20年前走到了戏剧性的"历史终结",那么现在它面对的将是戏剧性的"历史回归"。俄罗斯国内的自由主义转向停滞不前,之后又逐渐倒退,其外交政策也是如此。随着权力的集中,弗拉基米尔·普京(Vladimir Putin)逐渐背离了当年叶利钦和科济列夫制定的族群平等的外交政策。伴随着传统大国谋略与野心的复苏,大国民族主义已经重新回到了俄罗斯。

与西方很多表示轻视的观点相反,俄罗斯确实是一个大国,并且以成为世界舞台上一股不可忽视的力量而引以为傲。但俄罗斯现在还不是超级大国,以后也可能再也不是。但按中国人所谓的包含了经济、军事和外交实力的"综合国力"而言,俄罗斯属于世界上最强大的国家之列。在经历了20世纪90年代的大幅度萎缩之后,自2003年起俄罗斯的经济一直保持着7%的年增长率,并且在今后几年里很可能还会持续增长。从1998年到2006年,俄罗斯的经济总体规模已经增长了一半多,单位资本的实际收益增长了65%,并且贫困率也削减了一半。

这些增长很大程度上归因于油气价格的飙升,而俄罗斯恰恰拥有丰富的资源。俄罗斯拥有世界上最多的矿产资源储量,包括最多的石油储量和接近世界潜在储量一半的煤储量。因此,俄罗斯享有大型贸易和国际收支经常项目的顺差,付清了几乎所有的外债,并拥有了世界第三的外汇储备。①

俄罗斯不仅仅是富起来了。俄罗斯的资源是许多其他国家所需要的,甚至可以说是极度需要的。欧洲现在的能源供给更多依赖的是俄罗斯而不是中东。理论上,俄罗斯对欧洲市场的依赖与欧洲市场对俄罗斯的依赖基本对等,但实际上,俄罗斯人认为他们处于主导地位,而欧洲人似乎也认同这一说法。与俄罗斯中央政府关系密切的商业机构正在全力收购欧洲的战略资产,尤其是能源领域,希望能够获得政治和经济上的影响力并

---

① World Bank Country Brief, 2007.

加紧对欧洲能源供给与分配的控制。① 欧洲政府

---

① 欧洲对外关系委员会(European Council on Foreign Relations)在一份报告中指出:"以大公司作为说客,俄罗斯已经加强了与欧盟主要国家的政治关系。俄罗斯国家控股的企业已经与德国意昂集团(EON)和巴斯夫公司(BASF)、意大利埃尼集团(ENI)、法国天然气集团(GFD)以及荷兰天然气联合公司(Gasunie)建立了伙伴关系,并与法国道达尔(Total)集团建立了初步关系。即便是在俄英关系恶化的情况下,俄罗斯仍决定买下壳牌集团(Shell)和英国石油公司(BP)在萨哈林2号项目和科维克金项目中的全部股权,而不是没收。俄罗斯天然气工业股份有限公司虽迫使壳牌集团和英国石油公司以低于市场价的价格出售了它们持有的股份,但仍保留了二者少数合伙人的地位。一位俄国专家称,给予壳牌和BP公司这些甜头,意在构建一个有利于俄罗斯的院外游说集团。这一策略确实有效,在这笔交易完成后的短短几周内,BP公司的首席执行官托尼·海沃德(Tony Hayward)在接受国际媒体采访时便为俄罗斯的立场进行了辩护。"见Mark Leonard and Nicu Popescu,"A Power Audit of EU-Russia Relations," report by the European Council on Foreign Relations, November 2007, p. 15。

担心莫斯科会控制能源的供应,而且俄罗斯领导人知道这给他们提供了强迫欧洲人默许他们行为的方法。而在过去俄罗斯虚弱的时候,欧洲是绝对无法容忍这些行为的。俄罗斯在欧洲国家间挑拨离间,削弱欧盟的权威和一致性,使欧盟不如倡导者当初期望的那样团结。甚至在经济和贸易纠纷中,俄罗斯也采用这种方式。正如欧盟贸易专员皮特·曼德森(Peter Mandelson)所说:"没有其他国家能够像俄罗斯那样显示出我们之间的区别。"[1]

俄罗斯不仅仅是一个经济大国。尽管俄罗斯已经拥有了美国军事能力的一部分,但其持有的石油和天然气财富使得莫斯科在过去三年中以每年超过20%的速度提升国防开支。而俄罗斯现在

---

[1] Speech by European Commissioner on Trade Peter Mandelson, "The EU and Russia: Our Joint Political Challenge," Bologna, Italy, April 20, 2007.

的军事开支已经超过了除美国与中国之外的其他所有国家。其中的大部分开支都用于推动核武库的现代化,这无论从哪种标准来说都十分令人生畏。当前,俄罗斯仍然拥有16000枚核弹头。俄罗斯还拥有由超过100万名士兵组成的常备军;还在继续开发新的战斗机、新的潜艇和新的航空母舰;并且还开始了冷战结束后的第一次远程战略轰炸机生产。此外,俄罗斯的军事力量还是其外交政策的内在组成部分。除了车臣战争之外,俄罗斯还在格鲁吉亚和摩尔多瓦拥有驻军,甚至中止参与限制其部署驻军的《欧洲常规武装力量条约》。俄罗斯还是中国主要先进武器的供应商,成为影响东亚战略平衡的关键要素。

权力的实质就是让别人去做你想做的和阻止别人做你不想做的事的能力。俄罗斯的自然资源、可支配财富、在联合国安理会的否决权以及在欧亚大陆的影响力,都使它有能力参与几乎所有重要的国际问题。俄罗斯涉及的范围非常广泛,从欧洲的战略结构到中亚的石油政治再到伊朗与朝鲜的核扩散问题。

这种权力带来的新感觉激发了俄罗斯的民族主义,并激起了深深的怨恨和羞耻感。今天的俄罗斯不再把20世纪90年代的缓和政策视为开明政治家有风度的举措。冷战后,俄罗斯做出了诸多妥协,包括承受北约的扩大,从原苏联加盟共和国撤军,放任乌克兰、格鲁吉亚和波罗的海国家独立,默许美国和欧洲在中欧、高加索和中亚地区影响力的提升等。而目前俄罗斯人几乎都认为冷战后签订的条约无非是美欧乘虚而入,迫使俄罗斯做出的投降而已。

一些俄罗斯观察家指出,北约的扩大和科索沃战争是俄罗斯复仇主义的强大催化剂。[1] 但俄罗斯的怨恨和羞耻感远不止于此。当普京称苏联的解体是"20世纪最大的地缘政治灾难"时,既使

---

[1] Trenin, *Getting Russia Right*, p. 93.

西方感到震惊,也引发了俄罗斯人的共鸣。尽管还存在着不容忽视的恢复斯大林声誉的力量,但这并不是对回归苏联共产主义的渴望。[1] 当然,俄罗斯人渴望的是有一天俄罗斯能够受到其他所有国家的尊重,并且有能力保卫国家利益进而影响世界事务。现今俄罗斯国内的指责声令人回想起一战后的德国,那时德国人抱怨"可耻的《凡尔赛条约》",视其为胜利者强加于已经投降的德国人身上的枷锁,并认为其中还包括腐败政治家出卖国家利益的成分。

现在俄罗斯领导人力图重申在冷战结束时俄罗斯所具有的全球性实力和影响力。他们的宏图壮志是撤销冷战后签订的条约并且把俄罗斯重新塑造成欧亚大陆的主宰,成为世界上两个或三个

---

[1] 见 Sarah E. Mendelson and Theodore P. Garber,"Failing the Stalin Test" *Foreign Affairs* 85, No. 1 (January/February 2006)。

超级大国中的一员。

这可不是西方民主国家在20世纪90年代所能预料到的。西方民主国家认为在冷战后还能邀请俄罗斯回归欧洲并加入西方国际政治经济体系,已经表现得很大度了。20世纪90年代西方国家给俄罗斯提供了几十亿美元的援助,而1918年后一战的胜利者却从德国身上压榨了巨额数目的赔偿,这两种行为有着截然不同的性质。

然而,民族主义情绪日益强化的俄罗斯领导层已经不再满意按照与其他国家一样的条款加入西方俱乐部。正如德米特里·特列宁（Dmitri Trenin）所说,"俄罗斯只有在给它诸如担任西方世界的共同领导者或是在美国和中国之外给予它合理地位时,才会乐意加入西方世界"。[①] 俄罗斯领导人如今并不希望成为西方的一员,而是要实现

---

① Dmitri V. Trenin, "Russia Leaves the West," *Foreign Affairs* 85, No. 4 (July/August 2006), pp. 88–98.

俄罗斯的伟大复兴。

帕默斯顿爵士（Lord Palmerston）曾指出，国家间没有永恒的朋友，只有永恒的利益。但一国对自身利益的理解又是不确定的，随着对国家实力认知的变化而改变。新政权的出现伴随着新的野心或是旧政权的复辟，这种情况并非俄罗斯独有，所有国家都是如此。国际关系理论家可以谈论"维持现状"的国家，但事实上国家永远都不会心满意足，就如同那条可望而不可即的地平线，永无止境。从无法想象的目标到能够期许，直到可以实现。欲望演变成野心，野心又转化为利益。强大的国家并不必然是易于满足的国家，实际上，往往更难满足。

这些年俄罗斯的野心已经向同心圆的外围扩展。在20世纪90年代晚期以及21世纪初期，先担任总理继而成为总统的普京正全神贯注于重建俄罗斯联邦的一致性与稳定性，包括整合曾经极具挑衅性的车臣共和国。随着车臣叛乱问题的逐渐缓和,普京的注意力开始转向"近邻国家"(near abroad)和东欧,致力于重新谋取俄罗斯在这个传统利益范围中的影响力。

这些要求与过去十来年亲西方派的走向截然相反。乌克兰和格鲁吉亚分别在2003年和2004年实现了政权更迭,亲西方政府取代了亲俄政府。部分原因是由于欧盟和美国有效的财政和外交支持。这些策略的衍生物对俄罗斯而言既清晰又浑浊。乌克兰的领导人不仅希望摆脱莫斯科而寻求独立,也力求成为欧盟的成员。格鲁吉亚的总统随之也寻求加入北约。甚至连小小的摩尔多瓦也走上了一条亲西方的道路。与立陶宛、爱沙尼亚、拉脱维亚等波罗的海国家一起,现在这些原苏联加盟共和国沿着俄罗斯西面边境线形成了一条独立而又潜在的亲西方地带。西方国家所谓的"颜色革命",包括乌克兰的"橙色革命"、格鲁吉亚的"玫瑰革命"与吉尔吉斯斯坦的"郁金香革命",使得俄罗斯十分担心自身对"近邻国家"的影响力在不断削弱。①

可能是出于无奈,俄罗斯一度容忍了这些事态的发展。但现在情况已经不一样了。由于未能阻止波罗的海国家加入北约和欧盟,莫斯科政府转而下决心阻止格鲁吉亚和乌克兰加入西方阵营,甚至连邀请都予以抵制。因无法阻止原华沙条约的盟友倒向美国主导的阵营,俄罗斯领导人现在则希望在北约中开辟一个特殊的安全区域,容纳对其战略侧翼影响较弱的国家。这就是俄罗斯反对美国在波兰和捷克部署导弹防御装备计划的深层原因。这不仅仅是因为俄罗斯人害怕这些预设地点有一天将会威胁到他们的核打击能力。普京曾经建议美国把导弹防御计划转移到意大利、土耳其或者是法国。他希望将波兰和其他北约中的东方成员国转入战略中立区。

---

① Leonard and Popescu, "A Power Audit of EU-Russia Relations," p. 17.

现在俄罗斯所谋求的正是所有大国一直追求的利益，即在利益紧密相关的地区维护自身的支配性影响，并驱除任何其他大国在该区域的影响。俄罗斯能够像其他大国一样实现扩张的野心，建立起区域主导权吗？19世纪末期，美国已经赢得了西半球的主导权，但并不满足于现状进而把目光转向了东亚和太平洋地区。如今俄罗斯也把自身界定为拥有全球利益和全球影响力的世界大国。

俄罗斯和欧盟是地理上的"邻居"，但对地缘政治的认知却存在划时代的区别。21世纪的欧盟带着超越权力政治的高尚目标，引领世界走向以法律和制度为基础的国际新秩序。但它现在面对的却是一个非常传统，并以19世纪旧的权力政治原则为行为指导的俄罗斯。而欧盟与俄罗斯的行为取向都是由它们自身历史所塑造的。欧盟的后现代、"后民族国家"精神是欧洲对20世纪劫难的回应。民族主义和权力政治曾两度摧毁了这片土地。而苏联解体后"后民族国家政治"的失败塑造了俄罗斯外交政策的态度取向。19世纪30年代是欧洲的噩梦,而20世纪90年代则是俄罗斯的噩梦。欧洲认识到了问题的答案在于超越民族国家与权力政治。而对于俄罗斯而言,解决问题的办法就是恢复民族国家与权力政治。①

那么,当作为21世纪产物的欧盟遭遇到俄罗斯这样的传统大国挑战时,将会发生什么呢?这个答案在将来的几年中自会浮出水面,但冲突的轮廓已经显现。例如,在科索沃、乌克兰、格鲁吉亚和爱沙尼亚出现的外交僵局;针对天然气和石油管道的冲突;俄罗斯和英国之间肮脏的外交交易;以及冷战结束后不曾见到的俄罗斯军事演习

---

① Ivan Krastev, " Russia vs. Europe: The Sovereignty Wars," published on the Web site Open Democracy, September 5, 2007, http://www.opendemocracy.net/article/globalisation/institutions _ government/russia-europe.

的重现。

欧洲国家确实有理由感到不安。20世纪90年代,欧盟国家下了一个庞大的赌注。它们把赌注下在地缘经济比地缘政治更重要的世界新秩序上,认为巨大而高效的欧洲经济将与美国和中国平等竞争。欧洲国家转移了大部分的经济和政治主权来强化在布鲁塞尔的欧盟制度体系。同时,它们认为软实力正在发挥积极作用而硬实力已经过时了,从而削减国防预算,放慢军事现代化步伐。他们相信欧洲将是世界的榜样,而在以欧盟为榜样的世界里,欧洲注定强大。

暂时而言,这似乎是个好赌注。欧盟散发出强大的吸引力,尤其是在周边国家中。欧盟就像一个在波涛汹涌的全球海洋中相对稳定的大陆岛。俄罗斯的臣服,欧洲的吸引力,再加上美国的安全保证,几乎把每一个东方国家都纳入了西方轨道。在波兰、匈牙利和捷克共和国的带领下,原华沙条约国家与波罗的海国家相继加入了欧盟。

像对待土耳其一样,欧洲的吸引力塑造了乌克兰、格鲁吉亚的政治。欧洲自由的"自愿性帝国"的吸引力似乎永无止境。

然而,在最近几年,自愿性帝国的拓展减慢了。欧盟扩大至 27 个成员国,使得原来的成员国"消化不良"。而且潜在的扩大预期将囊括拥有 8000 万穆斯林的土耳其,这是很多欧洲人无法承受的。但欧盟扩张的停止不仅仅是因为害怕土耳其人与"波兰水管工"。欧盟吸纳原华沙条约国家和波罗的海国家,在得到东方的新成员国的同时也产生了新的东方问题。更确切地说,这其实是西方世界的老问题,即俄罗斯和邻国之间长期以来的争夺。在接纳波兰的同时,欧盟也纳入了波兰对俄罗斯的憎恨和猜疑(当然也包括对德国的);而在接纳波罗的海国家的同时,欧盟也容纳了这些国家对俄罗斯的恐惧和它们国内大量的俄罗斯人。

只要俄罗斯沿着后现代、一体化道路继续前

行,或者至少只要俄罗斯积贫积弱并为国内问题所困扰,那么这些问题似乎都是可以控制的。但随着实力的复苏,俄罗斯开始谋求重建大国地位,包括谋求在传统影响范围内的优势地位。欧洲进而发现自身已处于地缘政治竞争中最不期望和最出乎意料的位置。欧盟这个21世纪伟大的实体,通过扩张却将自己卷入了一场19世纪的对抗中。

欧洲可能无力回答这种从来没有预料到的问题。欧洲后现代的外交政策工具并没有打算用来应对更多来自传统地缘政治的挑战。扩员的外交政策已经搁置了,也有可能永远搁置下去,这在一定程度上就是因为俄罗斯的制约。如今,许多西欧国家已经后悔让东欧国家加入欧盟,他们并不希望因为承认诸如格鲁吉亚和乌克兰这样的国家而与俄罗斯产生更多对抗。

无论是制度上还是心理上,欧洲都没有做好准备去参加这场俄罗斯周边国家的地缘政治游戏,与俄罗斯展开竞争。为了对抗欧洲强大的吸引力,俄罗斯通过旧式的权力模式去惩罚或罢免亲西方的领导人来加以应对。这就产生了俄罗斯对格鲁吉亚的一系列贸易限制令。俄罗斯还间歇性地停止对立陶宛、拉脱维亚和白俄罗斯的石油供应;切断对乌克兰和摩尔多瓦的天然气供应;由于在苏维埃战争记忆上的争论,俄罗斯以中断铁路运输和攻击政府计算机网络系统来惩罚爱沙尼亚。法国总统尼古拉斯·萨科齐(Nicolas Sarkozy)直言不讳:"俄罗斯利用资产,尤其是石油和天然气,将其复兴无情地强加给了世界。"[1]而欧盟却基本不可能采取这些外交手段,尽管某些成员国很希望如此为之。[2]

---

[1] Speech by President Nicolas Sarkozy to the Fifteenth Ambassadors' Conference, Paris, August 27, 2007.

[2] 欧盟的"内在规则与价值及其整体的执政理念"使得其"无法想象以俄罗斯对付格鲁吉亚和摩尔多瓦的方式去使用石油禁运、酒类禁运或者是交通和贸易封锁"。Leonard and Popescu, "A Power Audit of EU-Russia Relations," p. 27.

欧盟是不会与俄罗斯展开军事竞争的。莫斯科支持格鲁吉亚分离主义者的行动,并在格鲁吉亚和摩尔多瓦的领土上布置了武装力量。俄罗斯的举动已经从根本上威胁到《欧洲常规武装力量条约》。谈判又退回到了 20 世纪 90 年代,目标还是解除欧洲西部边境周围到处部署的武装力量。芬兰国防部部长甚至担心"军事力量"再次成为俄罗斯展示国际力量的"关键要素"。[1] 欧洲人对他们东部边境线上的大国和为了追逐利益而部署的武装力量逐渐采取了一种消极的看法。[2] 但是欧洲会拿起武器与之战斗吗?

一旦沿着欧洲—俄罗斯的断层线突然爆发战

---

[1] John Vinocur, "Scandinavia's Concern? ' Russia, Russia, Russia '," *International Herald Tribune*, October 2, 2007, p. 2.

[2] 例如,2007 年,在法国和德国有大约 2/3 的受访者"不喜欢"俄罗斯。见 The report of the Pew Global Attitudes Project, "Global Unease with Major World Powers," released on June 27, 2007, p. 73。

争,将引发多大的震颤,这并不难想象。一直希望加入北约的乌克兰,一旦出现危机,必将激起俄罗斯的好战心。格鲁吉亚政府与俄罗斯支持的阿布哈兹和南奥塞梯的分裂主义势力的冲突,将引发第比利斯和莫斯科之间的武装冲突。如果俄罗斯在乌克兰或格鲁吉亚采取强硬手段,那么欧洲和美国将会如何应对呢?它们最好是什么都不做。后现代的欧洲几乎不可能按照预期从大国冲突中脱身,那么就应当尽力避免。而美国正全神贯注于中东事务,也不希望跟俄罗斯产生冲突。然而,俄罗斯与乌克兰或格鲁吉亚的战争将开辟一个新的世界——或者也可以说是一个很古老的世界。正如一个瑞典分析家所说:"我们现在正处于一个地缘政治新纪元,谁也不能掩饰这个事实。"①

后冷战时期的认知和预期与现实竟是如此截

---

① 引自 Vinocur,"Scandinavia's Concern? 'Russia, Russia, Russia'," p. 2。

然相反。在20世纪90年代,民主国家希望一个更富裕的俄罗斯在国内外都将更加自由。但从历史的视角出发,国家间贸易的扩大和财富的累积并没有为世界提供必要的和谐,反而激起了更多的全球纷争。冷战结束时的希望是经济一体化能够取代国家间的地缘政治竞争。如此,各国就会发现商业发展和经济增长带来的软实力将取代涉及军事力量或地缘政治对抗的硬实力。但并不是所有的国家都必然如此选择,因为还存在"富国强兵"这种行为范式。在19世纪末,明治政府以"富国强兵"(rich nation, strong army)为目标,在不放弃地缘政治角逐的同时,实现经济一体化,适应西方体制,推动了日本的崛起。这不失为一种成功的行为模式。

5. 中国的崛起

关于崛起,中国人有自己的认识,即"富国强兵"。[①] 60 年前,中国刚从被侵略占领、积贫积弱、孤立以及内战后四分五裂的情况下重新站稳脚跟。如今,中国已经成为一个正在崛起的地缘政治和经济巨人,并拥有稳定的国内环境。中国正在向世界第一大经济实体迈进,其军事实力也在

---

① 见 Peter Hays Gries, *China's New Nationalism: Pride, Politics, and Diplomacy* (Berkeley, 2005), p. 105。"在晚清的改革者首次提出'富国强兵'的目标一个多世纪后,这一梦想仍在激励着中国人。"

稳步上升。随着经济与军事力量的提升,中国的政治影响力也日益彰显。可能再也没有国家能够像中国这样如此迅速地由弱转强。

权力既改变了人民,也改变了国家。具体而言,权力改变了国家的自我认知、对国家利益与国家地位的界定以及对他者的期望值。这就是为什么历史上大国的崛起会如此频繁地造成国际体系的紧张,甚至引发大规模战争。古埃及人、波斯人和希腊人;罗马人、法兰克人、土耳其人和威尼斯人;法国人、西班牙人、英国人、俄罗斯人、德国人、美国人与日本人都通过自身的奋斗,在不同程度上成功拓展了自己的生存空间,并使世界从他们的经济与军事实力增长中获益,他们从而也得以按照其所认可的利益与信念来塑造世界。

在冷战后乐观主义盛行的年代,国际社会期望中国能走上一条不同的道路。因为人类已经进入了全球化和相互依赖的新时代,旧的地缘政治和权力竞争已经让位于崭新而又必要的地缘经济合作。很多人希望中国能够在避免对国际秩序进行暴力挑战的前提下实现崛起。中国与世界的新型关系将是"双赢",而非"零和"博弈。

中国希望外界能够以这样的视角来理解中国的崛起。正如中国学者、共产党理论家郑必坚几年前所说,中国"不会走德国的道路发动一战,也不会像德国和日本那样发动二战",或者成为"在冷战期间争夺世界霸权的大国"。中国将"超越大国崛起的传统道路",并且"为世界各国间的和平、发展与合作而努力奋斗"。[①]

西方民主国家试图从经济和外交上控制中国的崛起。西方把中国纳入了一张厚厚的商务关系网中,欢迎中国积极参与国际贸易和国际政治体制。所有这些行为都试图推动中国超越传统的权

---

① Zheng Bijian, "China's 'Peaceful Rise' to Great Power Status," *Foreign Affairs* 84, No. 5 (September/October 2005), p. 22.

力政治,使其成为一个安全的、21世纪的后现代政治实体。

就某些领域而言,这个策略是成功的。到目前为止,中国日益广泛深入地融入全球经济,已经真正成为国际经济体系中"负责任的利益攸关者"以及国际舞台上公平谨慎的参与者。中国在很大程度上受益于全球经济的健康发展,部分也得益于美国经济的发展。

日益繁荣的经济不仅使中国融入世界,更赋予了中国人民及其领导人一种新的信心和新的骄傲,使他们有理由相信,未来属于他们。中国新获得的经济实力,唤醒了美国人心中的宿命论。中国曾经是也必将再次成为世界的中心力量,这已经积淀成一个根深蒂固的信念。1000多年来中国一直都是亚洲的统治者,是唯一一个在野蛮世界里拥有先进文明的国度,是亚洲精神与地缘政治意义上的中央王国。而在19世纪早期,中国人十分沮丧地发现,中国突然被扔到了以欧洲为中心的世界的边缘。① 这个"世纪耻辱"之所以让中国人感到如此羞愧,是因为中国是从一个非常辉煌的高度摔下来的。

如今,中国人坚信:只要根据当前的时代与环境进行适当的调整,中华民族古老的凝聚力就可以、应当也必将得以修复。② 中国逐渐开始通过对昔日帝国辉煌历史的回顾来展望未来。③ 中国的思想家和决策者已经看到了中国重掌东亚主导权的黎明。一些人认为世界将被划分成两个地缘政

---

① Chen Zhimin, "Nationalism, Internationalism and Chinese Foreign Policy," *Journal of Contemporary China* 14, No. 42 (February 2005), pp. 36-37.
② 认为中国应在东亚占据优势地位的观念"在中国精英和普通民众中仍具有相当强的影响"。Michael D. Swaine and Ashley J. Tellis, *Interpreting China's Grand Strategy, Past, Present, and Future* (Santa Monica, Calif., 2000), p. 15.
③ Charis Dunn-Chan, "China's Imperial Nostalgia Under Attack," BBC News Online, May 11, 2001.

治范围:美国统治的欧洲—大西洋地区和中国统治的亚洲地区。另一些人则认为世界将分为三个货币区:美元区、欧元区和人民币区。但没有人认为东亚未来仍将是一个处于中日或中美竞争之下的地区,因为他们相信任何外力都无法阻挡中国获取地区霸权的趋势。

当前,中国人通过国际体系对中国的尊敬程度,中国在国际经济委员会中的权重,以及其他国家和世界上最强大的跨国公司对中国的热切期望来衡量中国的强大程度。由于联合国常任理事国的席位和八国集团的邀约,中国在国际外交事务中拥有了更大的发言权。而在其自身所处区域内,如在东亚峰会与东盟论坛中,中国的权势更为强大。

但与所有大国一样,中国也必须建立强大的军事力量。官方的《解放军报》报道,"随着中国综合国力的增强和在国际事务中地位的持续上升,努力建设与中国地位相称的军事力量,维护中国发展的利益,强化中国的国际地位就显得非常重要"。①

在成为商业大国的同时,中国也成了一个军事强国。毕竟,商业国家并不必然是和平国家。美国、英国、西班牙、威尼斯还有雅典都曾组建了强大的海军来保卫其广泛的商业利益,并且以这些商业利润来支付海军开支。当前,中国已经转变了毛泽东时代自给自足的经济模式,并深入地参与到国际自由经济秩序之中。因此,中国同样具有了一系列广泛的经济利益。当今中国是世界上最大的原材料消费国,从亚洲、中东、非洲和拉丁美洲的生产者和商人那热切的手中获得从石油、天然气到木材和金属等所有东西。中国经济高度依赖远在大洋彼岸的欧美市场。《2006 年中

---

① Quoted in U. S. Department of Defense annual report to Congress,"Military Power of the People's Republic of China 2007"(Washington,D. C. ,2007),p. 7.

国的国防》白皮书的作者说:"中国从来没有像现在一样与世界上其他国家有如此密切的关系。"①因此中国需要一支现代化、有能力的军事力量。

自冷战结束以来,中国花费了其日益增长的财富中的很大一部分来现代化和强化它的军队。尽管中国正变得更加强大,且并未受到"现实或直接的外在军事威胁",其边界也比进入现代以来的任何时候都稳定,但中国的军费开支在过去10年中一直保持着10%的年增长率。按照现有增速,中国的军费开支将超过欧盟所有国家的总和。②

---

① *China's National Defense in 2006*, Information Office of the State Council of the People's Republic of China, Beijing, December 2006.
② David Shambaugh, *Modernizing China's Military: Progress, Problems, Prospects* (Berkeley, Calif., 2004), pp. 284 - 285. 正如 Andrew Nathan 和 Robert Ross 所提出的那样:"今天的中国已经更加强大,其边界也比过去 150 年中的任何时候都要安全。" Andrew J. Nathan and Robert S. Ross, *The Great* （转下页注）

正因如此,中国军事战略指导思想的侧重点已经由防御外敌入侵调整为海外力量的部署。中国官方人士指出,中国将逐渐把战略前沿向外扩展到三个"岛链"(island chains)上,即从日本到中国台湾

(接上页注②) Wall and the Empty Fortress: China's Search for Security (New York, 1998), p. 226。我们难以精确估算中国的军费开支,因为中国的官方预算中缺少许多在大多数国家的官方预算中都能看到的项目。另外,见 AnthonyH. Cordesman and Martin Kleiber: *Chinese Military Modernization and Force Development: Main Report*, Center for Strategic and International Studies working draft, September 7, 2006, p. 20。作者在此文中对中国实际国防开支的各种估算进行了总结。他们参考了以下这些评估:Department of Defense, *Annual Report to Congress: Military Power of the People's Republic of China* (Washington, D. C., 2006), p. 21; Thomas J. Christensen, "China," in Robert J. Ellings and Aaron L. Friedberg, eds., *Strategic Asia: Power and Purpose, 2001 - 2002* (Seattle, 2001) p. 45; David Shambaugh, "China's Military: Real or Paper Tiger?" *Washington Quarterly* 19, No. 2(1996), p. 23。

再到菲律宾的第一岛链,从萨哈林岛(库页岛)到西南太平洋群岛的第二岛链,以及从阿拉斯加阿留申群岛到南极洲的第三岛链。[1] 虽然中国的海军实力离完成这些目标还有很大差距,但中国已经持续、稳步地从俄罗斯购进现代化的舰船与飞机,并逐步淘汰旧式装备。未来几年之内,中国拥有的现代化潜艇和导弹驱逐舰的舰队将会是现在的两倍左右。[2] 这是几个世纪以来,中国第一次把自己视为海上大国。[3]

战略转变的背后不仅是基于对利益扩张的考虑,还有日益上升的民族自豪感的推动。"民族主义"在后现代启蒙词典中是一个肮脏的词,但用于

---

[1] Shambaugh, *Modernizing China's Military*, p. 67.
[2] Cordesman and Kleiber, *Chinese Military Modernization*, p. 76.
[3] 中国民众正在学习"海洋也是领土"的观念,并开始意识到他们的"主权范围包括三百万平方公里的海洋",这是他们过去所不了解的。Shambaugh, *Modernizing China's Military*, p. 67.

政府重建民族荣誉时却没什么好羞耻的。① 对中国国际地位上升的自豪感已经成为中国共产党执政合法性的一种来源。大众民族主义在20世纪90年代得到了显著发展,有时指向日本,有时又针对美国。在20世纪90年代中期,中国的民族主义者以"中国可以说不"的标语来表达他们对西方的反抗。但这可不仅仅是喜欢抨击西方大国的强烈民族主义者的行为,正如一位中国外交官所说:"今天该轮到我们说,别人听了。"②

军事实力和国际地位之间的对等可能让后现代主义者感到很不解。在欧洲,甚至在美国,

---

① 正如美国的中国问题专家金骏远(Avery Goldstein)所说,中国人在对外关系中越来越不愿将自己视为寻求他国支持的"请求者",他们更愿意将自己视为一个可以在平等的基础上进行谈判并达成协议的"重要参与者"。见 Avery Goldstein, "Great Expectations: Interpreting China's Arrival," *International Security* 22, No. 3 (Winter 1997/1998), pp. 25–26。
② Gries, *China's New Nationalism*, p. 51.

很多人相信军事实力和民族主义是一个致命的组合而应该被扔进历史。中国军事力量的增强已经引起了美国和周边邻国甚至是欧洲国家的注意与抱怨。这些国家质询中国军费增长的合法性,希望获取更大的"透明度",坚持中国应该准确公开军事计划的范围、费用及其用意。正是基于后现代的理念,才导致了对中国军事计划的全球性抱怨。这种理念认为像中国这样一个日益富裕和安全的国家没有必要扩张军备或者独力维护获取资源和市场的渠道。西方经济学家对中国努力与那些令人生厌的产油国领导人做生意或者是增强海军力量以保护能源供应航道等行为很不理解。难道中国不知道在全球化的世界,一国可以通过市场购买石油而不用讨好那些石油暴君吗?难道中国没有发现国际贸易的全球化需要保持航道的开放,增强海军力量是完全没有必要的吗?

但中国领导人不同意上述任何一种观点,并

有其理由。中国与历史上正在崛起的大国一样，例如19世纪末的美国、日本和德国，都十分担心其他国家会联合起来反对它们。中国认为要成为一个大国必须要像俄罗斯那样做到独立和自力更生。几十年来，中国和世界上其他国家一样，允许美国海军成为最大的海外利益保护者，在海上航线巡逻，保卫石油的供给，用战舰和航母来保证贸易的国际自由流动。例如，美国海军保卫马六甲海峡这一中国通往中东的石油生命线。但近年来，胡锦涛主席却担心会出现"马六甲困境"（Malacca dilemma）。这一困境并不是最近才出现的，而是随着国力的增长，中国人对自身认知发生变化的结果。随着国力的日益强大，中国担心外部力量会阻止其完成自己的雄心和命运，使其无法完全实现国家的发展以及自身所需要和应得的国际地位。同时，他们也担心人民已经膨胀的雄心一旦受挫，就会认为中国领导层开始衰败。

几十年来,中国人一直在考虑美国对他们的抱负所怀有的敌意。在欧洲人开始表达对"超级大国"(hyperpower)的关注,全世界开始抱怨美国的傲慢与霸权主义之前,中国观察家就指出了美国的超级霸权主义野心。[1] 他们认为乔治·布什(George H. W. Bush)的世界新秩序就是指美国处于统治地位,而俄罗斯和中国只能是二流角色。当然他们也知道自己是不可或缺的国家。以美国为首的国家对1989年政治风波的谴责,直接导致了中国2000年申奥的失败;1995年和1996年的台海危机,最终是以美国派遣两支航母战斗群开赴中国水域而告终;接着是科索沃战争,甚至是在美国空军轰炸中国驻贝尔格莱德大使馆之前,这场战争就已经引起了中国人的愤怒——所有这些

---

[1] David Shambaugh, *Beautiful Imperialist: China Perceives America, 1972 – 1990* (Princeton, N. J., 1991), pp. 252 – 253.

事件都让中国人产生了美国"不仅傲慢",而且还十分积极地"阻止中国成功获取在世界体系顶端的正当位置"的看法。① 现任中国政府的部分领导人也认为,即使在2001年之前,美国也同样致力于维护世界上唯一超级大国地位,并绝不会允许任何国家有机会对它形成挑战。② 在比尔·克林顿(Bill Clinton)执政的最后几年,中国战略家并没有看到他们所希望的多极世界,而是一个"超级大国过于强大,而许多大国并没有那么强大"的局面。③

因此,中国并不认同那种认为国家实力不再包括军事实力的后现代理念,这毫不令人感到惊讶。中国可能会提及超越传统地缘政治,宣称对传统权力模式不感兴趣等说法,但他们真实的政策设计却是尽量获取更多的权力。中国人如此真

---

① Gries, *China's New Nationalism*, pp. 142–143.
② Andrew J. Nathan and Bruce Gilley, *China's New Rulers: The Secret Files* (New York, 2002), p. 208.
③ Chen, "China Perceives America," p. 287.

实地看待世界本不应该遭受任何人的指责。欧洲人和美国人可能坚持认为中国作为一个大国应该追求一种不同的、更"负责"的发展模式,适应地缘经济和全球化新时代的要求。但中国人可能会质问,这世界真的能像欧洲人想象的那样吗?而美国人又是否能够遵循自己给中国所提的建议真正放弃权力政治呢?

事实是,亚洲不是欧盟,中国也不是卢森堡。中国的雄心壮志、对战略独立的渴望、对自身重要性感受的上升、对地位与声望的关注以及对军事建设的强化等都是为了构建和守护中国在世界的新地位。这些是一个传统的崛起中大国的正常行为,而不是一个后现代大国或维持现状的大国的行为。

中国军队时刻都在准备一场与美国在台湾地区可能会发生的战争。中国政府极力避免这场战争,但其同时相信,在未来的某一天,这场战争很可能会发生。得到中国民众支持的中国领导人坚信台湾问题最终必将解决,这是一项核心国家利益。他们声称中国宁肯投入一场与美国为敌的战争,也绝不允许台湾"独立"。因此,中国一直对此保持警惕。

为什么中国人会这样认为?如果中国真的仅仅关注"和平发展",并试图成为超越传统大国崛起模式的真正的后现代大国,它就绝不会有这种想法。在经历了一个多世纪的分离,以及台湾数十年的事实"分裂"后,中国的社会、文化与经济并没有因为缺少了2400万台湾民众而受到损害。两岸从事数十亿美元的互利贸易,即便台湾突然升起五星红旗,中国的利益也不会有所增加,但中国无法接受"台独"。而在欧洲,所有这种渴望从中央政府获得更大自治权甚至独立的地区都没有充分的理由。例如,西班牙的加泰罗尼亚、比利时的弗兰德、英国的苏格兰。但无论巴塞罗那或是安特卫普还是爱丁堡都没有受到战争的威胁。

实际上,中国人和欧洲人生活在不同的世纪。

对于台湾问题,中国所持的可能是19世纪的传统心态。台湾问题不仅仅关系到实际的物质利益,更关乎国家尊严与荣誉,与国家主权紧密相连。中国人认为对台湾的主权在19世纪被掠夺,现在应当收回来。只有过去的不公与罪过得到纠正,国家才能带着自尊与自信走向成功的未来。这些并不是无关紧要的琐事。历史上,所有民族国家都认为应当为荣誉和尊严而战,为此它们经常以牺牲经济利益为代价,而领土争议则更是引发战争的重要原因。

伴随对恢复其尊严与荣誉的渴望而来的是,中国在地区和历史问题上的雄心进一步扩大。"台独"分子拒绝与大陆统一,顽固地坚持寻求更多的国际承认,甚至试图"独立"的行为已经成为一个严重的问题。这不仅是因为其阻碍了中国的统一,还因为这些行为实际上是"台独"分子对北京在亚洲的中心地位的羞辱性拒绝。如果台湾地区都不承认中国在东亚的领导地位,那谁还会承认呢？"台独"分子拒绝统一使他们成为了美国亚洲霸权的盟友。事实上，对中国人来说，台湾地区已经成为美国后冷战意识形态敌意与战略敌对的象征，成为中美对抗的"代理人战场"。①

美国人有时也这么认为。当克林顿政府在1996年派航母开进台湾海峡时，克林顿的国防部部长威廉·佩里（William Perry）就曾宣称："北京应该知道，而且这支美国舰队也会提醒他们，即便现在中国已成为军事大国，美国仍然是西太平洋最强的军事大国。"②

如果把今天的东亚比作19世纪末20世纪初的欧洲，那么台湾地区就是中美对抗中的萨拉热窝。一个小事件，如台湾地区领导人的刺激性公告或者是其"立法机构"通过的决议就可能激怒中

---

① Nathan and Gilley, *China's New Rulers*, p. 217.
② 引自 James Mann, *About Face: A History of America's Curious Relationship with China, from Nixon to Clinton* (New York, 2000), pp. 337–338。

国大陆,使其不计代价地选择战争。可能会有人认为,当中国人变得更加富裕和自信,他们选择战争的可能性将降低。但历史证明,随着自信的增长,中国对其前进道路上障碍物的容忍度不升反降。中国人在这一问题上很少抱有幻想。他们相信这场巨大的战略对抗只会"随着中国实力的增长而升级"。[1]

---

[1] Chen, "China Perceives America," p. 290.

6. 日本：向正常大国回归

中国和美国并不是亚洲仅有的两个行为体。中国也并非唯一一个具有追求更大国际影响力与良好国际形象的雄心与愿望的亚洲国家，还有日本和印度。新地缘政治的另一条大断层线是一条从东北亚贯穿东南亚再进入中亚的弧线。在那里，中国、日本、印度、俄罗斯和美国的野心与利益互相重叠、互相冲突。

当所有人都关注于中国的崛起时，他们很容易忘记日本也是一个大国。日本始终保持世界第二大经济体的地位，而且更值得注意的是，日本是在相对较少的人口、较小的领土和自然资源短缺的基础上发展起来的。与此同时,日本军队是世界上最现代化的军队之一。尽管日本仅仅将国家财富的1%用于国防,但国防预算仍然高达400亿美元,位居世界第三或第四。尽管日本不是也不想成为一个有核国家,但一旦面对危机,日本将有能力迅速建立起一个有效的核武库。[1]

日本不仅是一个真正的大国,而且还不断显示其大国野心。这一转变在冷战结束后就极为突出。许多日本思想家和决策者最初对冷战结束后国际体系的性质持基本乐观的态度。但亚洲乐观主义的消退比欧洲要迅速得多。日本领导人和大部分公众都将中国与朝鲜视为威胁,他们确信东北亚依旧是一个权力政治盛行,并存在战争危险

---

[1] Thomas Berger,"Japan's International Relations: The Political and Security Dimensions," in Samuel S. Kim, ed., *The International Relations of Northeast Asia* (Lanham, Md., 2004), p. 135.

的地区。① 从20世纪90年代中期开始,日本提升了防卫部门的地位,增加了(尽管是少量的)防务投入的比例,提升了与美国的安全合作关系,拓展了日本在世界防务中的角色,其中包括维和、在伊拉克和阿富汗提供军事援助等,并逐渐以一种更广阔的视野看待日本在世界中的大国角色。

尽管日本政坛不太稳定,但正如一位日本社会观察家所说:"如今在这里找到民族主义冲动并不困难。""这种冲动在动漫与电影中、在对足球世界杯的热情中、在对朝鲜导弹威胁的愤慨中、在对中国影响力增强的忧虑中都可以找到。"没人会把日本的繁荣视为对中国或俄罗斯的矫正。资深政客加藤弘一(Koichi Kato)指出:"日本一直在寻找他真正的身份。""数十年来,我们认为对身份的追求取决于经济成就,于是致力于追赶美国。而现在我们做到了,我

---

① Thomas Berger, "Japan's International Relations: The Political and Security Dimensions," p. 137.

们富有了。所以在过去20年中,我们都在寻找灵魂,寻找我们接下来应该追求的方向。"①而被崛起的中国视为一个二流国家绝不是日本所期望的。

日本与中国的对抗是世界格局中一个由来已久的问题,足以追溯到19世纪末甚至好几个世纪以前。一千多年来,中国人在自己构建的"华夏中心体系"中将日本人贬低为劣等民族。中国要么将日本视为"学生或兄弟而仁慈对待",要么就怨恨地将其视为海盗之国。但中国的优越与日本的低劣一直是东亚自然秩序的一部分,是真正"和谐"关系的唯一基础。②

但在19世纪末,崛起后的西方化日本通过"富国强兵"在1895年的战争中打败了中国。中国学者一直称此为民族悠久历史中的最大耻辱。在接下来的

---

① Patrick L. Smith, "Uncertain Legacy: Japanese Nationalism After Koizumi," *International Herald Tribune*, September 12, 2006.

② Gries, *China's New Nationalism*, pp. 70, 39.

日本主导的时代,中国不仅受到了侮辱,更遭受到以1930年南京大屠杀为代表的极其野蛮的侵略,这种记忆刻骨铭心。[①] 当中国人唱起国歌——"起来,不愿做奴隶的人们!……万众一心……每个人被迫着发出最后的吼声!"——他们所表达的是老一辈人仍然能够回忆起、每个孩子也都能在学校里学到的,对日本侵略的愤怒。把日本放回属于它自己的位置,恢复中国主导的和谐秩序,并且让日本接受中国的优势地位,这是中国人不言而喻的雄心。

日本人也不比中国人更喜欢对方,他们可不乐意充当"小弟弟"的角色。日本人明白中国会试图用二战的记忆在亚洲孤立日本。这是日本首相直到最近还挑衅地参拜供奉着日本战犯的靖国神

---

① 二战期间,中国人称日本人为"鬼子",今天他们仍这样认为(Gries, *China's New Nationalism*, p. 10)。中国在军事上对日本的不信任"持续加深",这种不信任已经"超越了世代"。(*Shambaugh*, *Modernizing China's Military*, p. 301)。

社的一个原因,尽管不是唯一的原因。当日本领导人明确地意识到中国的实力增长和霸权主义表现时,他们十分不情愿每次都屈从于中国的要求。中国的诸多行为都对日本的公众意见产生了影响,包括始于20世纪90年代的中国军队建设、1995年和1996年之间的核试验,在台湾海峡附近发射弹道导弹,以及对东海和南海的主权要求等。对均势的主导地位已由日本转向中国的认知无疑刺激了日本的民族主义,并促使日本通过拉近与美国及其他亚洲国家的关系来制衡中国。

数世纪冲突所造成的鸿沟并没有因为20年来的贸易和全球化而消弭。中国成为日本最大的贸易伙伴,每年有400万游客和商人往返于两国,普通话成了仅次于英语的日本第二流行语言。[1]

---

[1] Mitsuru Kitano, "The Myth of Rising Japanese Nationalism," *International Herald Tribune*, January 12, 2006.

但两国人民之间的敌意仍在扩大和加深。[1] 从1988年到2004年,日本人对中国人有好感的比例从69%下降到了38%。[2]

中国和日本之间的竞争仍然是亚洲地缘政治的核心特征。二者对地位或权力的追求都会牵扯到对方,不管是在军事战略领域还是在政治经济领域。中国在外交上努力阻止日本获得联合国安理会常任理事国的席位,日本则试图与中国台湾拉近关系。如果中国政府武力解决台湾问题,日本将视之为对其国家安全的严重威胁。现阶段,中日两国都在东南亚、南亚和欧洲争夺朋友与盟友,都试图在外交场合击败对方,都寻求与其他亚洲国家建立军事联系。

---

[1] Kokubun Ryosei,"Beyond Normalization: Thirty Years of Sino-Japanese Diplomacy," *Gaiko Forum* 2, No. 4 (2003), pp. 31 – 39,引自 Gries, *China's New Nationalism*, p. 92。

[2] Kitano,"The Myth of Rising Japanese Nationalism."

7. 印度与权力之争

然而,亚洲的竞争并不仅仅局限于中日之间。印度便是第三个野心勃勃的大国,它是南亚次大陆的霸权国。印度同时也是一个典型案例,它向我们展示了商业和全球化是如何轻易地促进而非削弱一个民族的大国野心的。在托马斯·弗里德曼(Thomas Friedman)的"平坦"世界中,一个成功的范例是,印度的动态服务和高科技产业增长速度接近近年来的中国,它是一个非常适于在全球化时代中茁壮成长的国家。然而,印度并未沉浸在迷思中毫无知觉,停滞不前。这是一个有血有肉的国家,充满了深藏于人类灵魂的激情、怨恨和野心。印度的经济活力以及对全球商业竞争的参与,不仅使其冲破了传统经济的束缚,同时也使其开始寻求地缘政治上的突破。

  与中国一样,印度有一段引以为傲的区域"上国"史,在长期的殖民地历史中也积淀了对欧洲统治力量的深深怨恨、天命意识以及对登上世界舞台大展宏图的强烈信念。这种对自身伟大意义的认识并非一成不变,而是与时俱进的。在独立后的几年里,印度并没有将自己视为一个传统大国,而是以一个能在道德上制衡帝国主义势力和20世纪超级大国的国家自居。正如拉贾·莫汉(C. Raja Mohan)所说的那样,印度领导人蔑视"强权政治"并意识到在世界舞台上印度的出现"是和平共处以及多边主义等一整套全新原则出现的前兆,如果这些原则能被恰当地实施,世界将被改变"——印度人比欧洲人更早地接受了这种欧洲风格的世界观。[1]

---

[1] C. Raja Mohan, "India's New Foreign Policy Strategy," paper presented at a seminar hosted by the China Reform Forum and the Carnegie Endowment for International Peace, Beijing, May 26, 2006.

然而,20世纪90年代经济的快速增长给印度人勾勒了一幅截然不同的图景,印度将在传统的地缘政治意义而非后现代意义上成为超级大国。莫汉指出,"虽然独立的印度总认为自己具有伟大意义",但凭借实力成为超级大国的目标"在20世纪90年代印度经济开始迅速增长之前并不现实"。权力的增长使得国家更为崇尚权力。与中国、日本以及俄罗斯一样,印度人意识到冷战后的世界终究不是一个后现代的天堂,强权政治仍然主宰着国际关系。1991年以来,印度已不再强调"争论的权力"转而强调"权力之争"。[①]

没有任何迹象表明印度会一相情愿地认为,只要其核国家的身份得到接受与认可,自己就能成为大国。事实上,经济发展的成功起到了关键

---

① C. Raja Mohan, "India's New Foreign Policy Strategy," paper presented at a seminar hosted by the China Reform Forum and the Carnegie Endowment for International Peace, Beijing, May 26, 2006.

作用。当印度领导人做出在1998年进行一系列核试验这一重大决定时,10年的经济增长给予了他们自信,使其坚信世界不会惩罚这样一个对全球经济有长期价值的国家。印度的核野心是基于对与巴基斯坦和中国的潜在冲突的战略考量而产生的。这其中当然也有荣誉、地位和自尊等因素。如果一个国家还不是核俱乐部中的一员,那么它能否成为现代世界中的超级大国?去问问法国、英国、中国和伊朗就知道了。

因此,学者苏尼尔·科黑那尼(Sunil Khilnani)不无讽刺地指出,印度人"已醉心于这样一种想法:印度即将成为大国晚宴的终身受邀者,因此,我们必须掸去身上的灰尘并盛装出席"。那么,印度应该扮演怎样的角色?[①] 与俄罗斯、中国一样,印度认为其地缘政治利益在于由权力和由内及外的影响力

---

① Sunil Khilnani, "The Mirror Asking," *Outlook* (New Delhi), August 21, 2006.

所构成的同心圆中。印度在直接相邻的地区追求主导地位,构建一种仁慈的霸权,对较小的邻国(如尼泊尔、斯里兰卡和印度洋的主要岛国)施加支配性影响,并排挤其他大国的势力(主要是中国),防止其与印度周边的小国建立联系。而在"更广阔的临近区域",包括印度洋及其宽广的沿岸地域,印度试图维持一种有利的力量平衡,以防范他国,尤其是中国,从自己手中攫取利益。最后,在世界范围内,印度的最低目标则是成为"全球均势中的关键国家"。[1] 莫汉指出,"全新的经济和外交政策给了印度一次真正的机会来实现寇松勋爵(20世纪之交的英国驻印度总督)的设想,即将印度的领导权力从亚丁湾延伸到马六甲"。[2]

与所有处于上升期并野心勃勃的国家一样,印

---

[1] C. Raja Mohan, "India and the Balance of Power," *Foreign Affairs* 85, No. 4 (September/October 2005), pp. 17–18.
[2] Mohan, "India's New Foreign Policy Strategy."

度也面临着诸多障碍。在许多印度人看来,最大的障碍就是中国。在1998年进行核武器试验时,印度总理就曾引用"中国威胁"来支撑其观点,"我们边上的这个拥有核武器的国家,曾在1962年对印度实施武装侵略",并"大力支持我们的另一个邻居"——巴基斯坦——使其"秘密地获得了核武器"。[1] 印度国防部部长更是直言不讳地称中国为"印度的头号威胁"。[2] 在此之后,印度开始避免激烈的言论并寻求与中国建立良性关系,但两个大国之间的战略竞争仍将长期存在。印度对一些历史上悬而未决的边界争端以及中国对巴基斯坦的支持仍耿耿于怀。但激烈的权力争夺也需要借助新的形式。

印度国防部官员抱怨中国"在印度洋地区海军力量的膨胀",并日益增强"与缅甸、孟加拉国、

---

[1] Prime Minister Atal Bihari Vajpayee, letter to President Bill Clinton, reprinted in *Hindu*, May 14, 1998.

[2] "China Is Threat Number One," *Times of India*, May 4, 1998.

斯里兰卡、马尔代夫、塞舌尔、毛里求斯和马达加斯加等国的军事与海上联系"。2007年胡锦涛主席对塞舌尔的访问引起了印度外长的强烈指责,他声称,印度"与这片水域的安全稳定息息相关"。① 印度战略家们指出,中国在印度东面资助缅甸海军,而在印度西面,中国正在巴基斯坦临近波斯湾入口处的海岸投资建造深海港。与此同时,中国认为印度正致力于和东南亚国家发展密切的军事关系,而北京一直把东南亚视为势力范围。中国战略家谨慎地将印度视作"非维持现状大国……其对目前的国际地位深感不满",并具有明显的"大国野心"。② 印度和中国都意识到两国

---

① "China's Anti-Satellite Test Worries India," *Times of India*, February 5, 2007.
② Yong Deng, "Reputation and the Security Dilemma: China Reacts to the China Threat Theory," in Alistair Iain Johnston and Robert Ross, eds., *New Directions in the Study of China Foreign Policy* (Stanford, Calif., 2006), pp. 196–197.

在亚洲各自的区域内是天然的领导者,但势力范围的交叉和重叠越来越多,双方都不愿意让步。①

中印之间的战争与以前一样似乎不太可能爆发,这并不意味着战争是完全不可想象的。但即使没有任何发生直接冲突的预兆,中印的地缘政治竞争也正在重塑国际关系的模式。在19世纪到20世纪初,列强相互联合形成正式或非正式的联盟,这一方面有助于维护其利益,另一方面却进一步助长了它们的扩张野心。而当下,中国与巴基斯坦联系紧密。与之相对应,印度则与日本、美国建立了更加密切的关系。当中国试图把印度排除在2005年12月的首届东亚峰会之外时,日本站在了印度一边。当巴基斯坦向中国提供南亚区域合作联盟观察员身份时,印度就将日本、韩国和美

---

① 见 John W. Garver, *Foreign Relations of the People's Republic of China* (Englewood Cliffs, N.J., 1993), pp. 318 – 319; Mohan, "India and the Balance of Power," p. 30。

国拉了进来,以抗衡北京的影响。① 与此同时,日本促使印度成为其亚洲战略的合作伙伴,强化对印度投资与发展援助,并进行军事合作,尤其是在印度洋。日本首相和印度总理2007年在新德里举行会晤,他们一致认为"一个强大,繁荣和充满活力的印度符合日本利益;同样,一个强大,繁荣和充满活力的日本也符合印度利益"。②

以上都是亚洲均势中的新发展,这些不断变化的联合越来越多地带有了军事性质。2007年夏天,一场声势浩大的海军演习在临近马六甲海峡和缅甸的重要延伸海域孟加拉湾举行。参与者包括拥有两支航母战斗群的美国,以及印度、日本、澳大利亚和新加坡等国。这些国家位于中国周边(从东南到西北),这也是它们第一次以这种方式

---

① Mohan,"India and the Balance of Power," p. 30.
② Joint statement by Prime Minister Shiuzo Abe and Prime Minister Manmohan Singh, New Delhi, August 22, 2007.

聚集在一起。尽管参加演习的国家做出了正式声明,称此次演习绝不是为了围堵任何国家,但中国还是向每个参演国都提出了正式抗议。然而这次演习的确是世界新分裂的一个标志,并预示着某些事情即将到来。

另一个预兆则是同一时间在俄罗斯举行的规模空前的陆上军事演习,数千名中俄士兵与中亚五国的部队一同参与了演习。该演习是紧接着上海合作组织的一次会议进行的,而此次会议的特邀嘉宾是伊朗总统内贾德。

8. 伊朗与区域霸权

伊朗的所作所为也十分契合民族野心的旧模式。凭借其引以为傲的悠久文明传统,伊朗以其优越感甚至是傲慢及对自身天命的笃信而闻名中东。与中国、印度以及现在的俄罗斯一样,伊朗也有屈辱的历史记忆。伊朗作为伊斯兰世界中的超级强权,曾遭受欧洲帝国持续两个世纪的掠夺、殖民和羞辱。作为一个被逊尼派政府包围的什叶派国家,伊朗在宗教神学上也受到孤立。因此,我们不难理解伊朗对突破包围、维护自身权益的渴望,这既是出于利益上的计算,也是出于对荣誉和尊重的渴求。正如雷·塔克(Ray Takeyh)观察到的那样:伊朗认为凭借"其实力优势和历史成就",伊朗拥有在中东和波斯湾地区"成为地区霸主的正当权利"。但现在唯一的问题是"伊朗应如何巩固自己的势力范围,以及伊朗应通过挑战美国,还是与美国和解而成为地区霸主"。[1]

到目前为止,伊朗的选择是挑战美国。已经有不止一个伊朗领导人表明,伊朗愿意与美国这个傲慢的超级大国直接对抗。由此,伊朗才能明确自己的价值并变得崇高。这种激情和雄心在布什执政前很久就已存在。伊朗坚信:只有拥有核武器,它才可以抵御来自美国及其盟国的压力。伊朗是从2003年而非1991年的伊拉克战争中吸取这一教训的。在这场战争中,美国轻松地击溃了强大的伊拉克正规军,而伊朗自己却无法击败这支部队。然而,伊朗的核计划并不仅限于维护

---

[1] Ray Takeyh, "Iran: Assessing Geopolitical Dynamics and U. S. Policy Options," testimony before the House Committee on Armed Services, June 8, 2006; Ray Takeyh, "The Iran Puzzle," *The American Prospect*, May 22, 2007.

国家安全。与印度一样,伊朗希望通过谋求核武器来确立自身在区域内外的强国地位。此外,由于西方自由世界坚持否认伊朗具有拥有核武器的"资格",这一问题也关系到伊朗的国家荣誉。

有观点认为,为了从美国手中获取物质利益,如资金或并不可靠的安全保证,伊朗现政权将出卖对其极为重要的荣誉和自尊,这是十分荒谬的。相反,与其他在世界上争权夺利的野心勃勃的大国一样,伊朗也在寻找与其拥有共同利益或至少拥有共同敌人的伙伴。在西方,伊朗没有找到,但在东方它找到了。正如伊朗高官拉里贾尼(Ali Larijani)所说:"在东半球有俄罗斯、中国和印度等大国。这些国家可以在当今世界中发挥平衡作用。"[1]

伊朗具有独特的民族雄心,不仅不同于整个伊斯兰世界,与奥萨马·本·拉登(Osama Bin

---

[1] 引自 Takeyh, "Iran: Assessing Geopolitical Dynamics and U. S. Policy Options"。

Laden)也差异甚大。伊斯兰教是多元的:这不仅是由于教派分歧,还因为伊斯兰世界地域跨度太大,从印尼到摩洛哥,各地的穆斯林差异明显。虽然毛拉们、"基地"组织以及诸如哈马斯、真主党和穆斯林兄弟会这些团体的确都反映出了伊斯兰世界的真实感情,但它们与俄罗斯、中国和印度的民族主义怨恨情绪并没有太多不同。与其他地方的民族运动一样,伊斯兰主义者渴望得到尊重(包括自我尊重)和荣誉。而对压迫性外部强权的反抗以及对自身在过去相对于这些强权的优势地位的记忆,在很大程度上塑造了他们的民族认同。中国有着"百年屈辱"。而追溯历史,伊斯兰世界所受的屈辱远不止一个世纪,以色列正是那些屈辱历史的活生生的象征。这在一定程度上解释了为什么即便不是激进派的穆斯林,也会对那些敢于向占支配地位的西方自由世界,尤其是美国(因为美国扶植并一直支持以色列,这一伊斯兰世界的心腹大患),发动反攻的极端分子表示同情甚至是支持。

9. 野心勃勃的超级大国

那么,美国又如何呢?美国独特的民族主义与国家抱负,包括全球使命感和对自身权力正义性的信念,是否仍与两个多世纪前同样强势?冷战的结束能否改变美国,使其行为有所软化,并放松对国际权力的掌控?当苏联及其帝国崩溃时,美国会减少对全球事务的广泛干预,从而成为一个较为被动和克制的国家吗?

这些问题的答案当然是否定的。冷战结束后,美国便立刻向前进逼。在老布什和克林顿政府的推动下,美国扩大并强化了其同盟体系。美国开始对中亚和高加索等地区施加影响力,而大多数美国人在1989年之前甚至都不知道这些地方的存在。缺少了苏联的制衡,美国迅速填补了冷战后的权力真空,并在所有可能的地方建立其偏爱的、以民主制和自由市场为基础的资本主义秩序。尽管在20世纪90年代,美国国防开支的增幅略有下降,但其武器装备技术的先进性还是远远超过世界其他地区。这使美国成为一个空前强大、实力超群的军事超级大国。随之而来的结果是,美国比以往任何时候都倾向于使用这种权力以达到种种目的,包括对索马里和科索沃的人道主义干预,以及巴拿马和伊拉克政权的更迭。在1989年至2001年期间,美国的对外武力干预比历史上的任何时期都频繁——平均每16个月就会发动一次重大、全新的军事行动——这远胜于同一时期其他大国的水平。[①]

---

① 从1989年至2001年,美国以相当数量的军队对巴拿马(1989)、索马里(1992)、海地(1994)、波斯尼亚(1995~1996)、科索沃(1999)和伊拉克(1991、1998)进行了干涉。

这种扩张性,甚至是侵略性的全球政策与美国外交政策传统十分契合。美国人的自我意识和爱国精神与他们对自己的祖国具有历史性的全球影响力的信念密不可分。受这一观念的驱动,美国不断积累实力和影响力,并在世界所有关乎他们利益、理想和雄心的领域,或直接或间接地使用这些能力和影响力。在全球战略问题上,美国更倾向于以"优势性权力"来平衡其他国家的力量。①美国坚持维护并尽可能强化在东亚、中东和西半球的区域主导优势;近年来,这一范围扩展到欧洲,现在又扩展到中亚。只要有利于推行美国的观念或实现美国利益,美国便会试图更迭他国政权。② 而当联合国、美国的盟友和国际法成为美

---

① Melvyn P. Leffler, *A Preponderance of Power: National Security, the Truman Administration, and the Cold War* (Stanford, Calif., 1992).
② 在过去的半个世纪中,每一届美国政府都曾尝试策划政权更迭,其范围遍及全世界。包括(转下页注)

国实现目标的障碍时,美国便会毫不犹豫地抛弃它们。① 美国对现状已失去耐心,并将自己视为改

(接上页注②)艾森豪威尔(Dwight Eisenhower)执政时期中央情报局(CIA)授意下的伊朗和危地马拉政变,以及由他计划并由肯尼迪政府(John F. Kennedy)实施的推翻卡斯特罗(Fidel Castro)政权的行动,还有肯尼迪自己默许的针对南越总统吴庭艳(Ngo Dinh Diem)和多米尼加共和国总统拉斐尔·特鲁希略(Rafael Trujillo)的行动,尼克松(Richard Nixon)政府对智利的干涉,卡特(Jimmy Carter)政府驱逐尼加拉瓜的阿纳斯塔西奥·索摩查(Anastasio Somoza)的要求,里根(Ronald Reagan)政府对尼加拉瓜、安哥拉、阿富汗和柬埔寨的反共游击队的支持,老布什(George H. W. Bush)政府对巴拿马的入侵,以及克林顿(Bill Clinton)政府在索马里、海地和波斯尼亚的行动。

① 举几个最近的例子,里根政府在尼加拉瓜、柬埔寨、阿富汗和安哥拉发动隐性战争时并未寻求国际授权,在入侵格林纳达时也没有寻求联合国或美洲国家组织(OAS)的支持。老布什政府入侵巴拿马时同样未得到联合国授权,而即使俄罗斯投了否决票,老布什也会在未获授权的情况下与(转下页注)

变人类历史进程的催化剂。正如法国前外长休伯特·韦德里纳(Hubert Védrine)所观察的那样:大多数"伟大的美国领袖和思想家始终坚信,作为被天意选中的'不可或缺的国家',美国注定要为了全人类的利益而保持优势地位"。[1]

正像美国人所看到的那样,自从美国在二战中义无反顾地把世界从自我毁灭中拯救出来,美国外交政策的指导原则便一直认为,除了美国,没有任何其他国家能够担负起维护世界安全、捍卫民主原则的使命。美国的敌人肯定不行,美国的盟友也做不到这一点。国务卿马德琳·奥尔布赖特(Madeleine Albright)在1998年就明确指出,"相

(接上页注[1])伊拉克开战。克林顿政府干涉海地时绕开了联合国,并不顾安理会其他常任理事国的反对轰炸了伊拉克,在发动科索沃战争时同样没有得到联合国授权。

[1] Speech by French foreign minister Hubert M. Védrine at a conference of the French International Relations Institute, Paris, November 3, 1999.

比其他国家,我们站得更高,看得更远"。[1]

吊诡的是,大多数美国人认为,在维护基本安全和经济福祉之外,他们并没有任何其他的野心。只有很少人认为美国在寻求全球首要地位。美国人认为自己天性内敛而孤立,从不愿远离自己的堡垒。而事实上,数十年来美国在世界各地的几十个国家都部署了军队,并借助巨大的经济、政治和文化实力,影响着生活在其他土地上的数百万,甚至数十亿人的行为。在美国民众,甚至包括外交决策精英们看来,美国最多只是个"勉为其难的警长",他把腿跷到桌子上,在下一伙歹徒进城之前,他只会关心自己的事情。[2] 照这种观点,当前

---

[1] Secretary of State Madeleine K. Albright interview on NBC-TV, *Today*, with Matt Lauer, Columbus, Ohio, February 19,1998, transcript released by Office of the Spokesman, Department of State.

[2] 见 Richard N. Haass, *The Reluctant Sheriff: The United States After the Cold War* (Washington, D. C. ,1998)。

的美国似乎是以某种方式意外地抵达了前所未有的全球权力巅峰,而美国民众既不渴望也不欣赏这一地位。

事实上,美国人既渴望世界霸主的地位又感到后悔。美国人希望得到他们想要的东西,不仅仅是经济机遇和安全,还有一个大致符合他们政治和道德偏好的世界。然而,他们理所当然地不愿为这样一个世界支付高昂的代价,美国人不仅想要避免金融代价和生命代价,甚至也不愿付出道德代价,即权力背后的道义担当。根植于美国人心中的共和主义情结使他们一直对权力,甚至对自己心存疑虑。但在塑造符合美国价值观的世界的进程中,他们却恩威并施,迫使他人屈从于自己的意志。即便是出于良好的目的,一个珍视自决的国家也不应坦然地剥夺他人的这种权利。这一问题并非美国独有。莱因霍尔德·尼布尔(Reinhold Niebuhr)和残酷的20世纪中叶的其他现实主义者认为,人类最大的道德难题在于:道德的目标往往无法通过完全符合道义的手段达到。"为了保护我们的文明,我们已经,也必将继续采取道德上的冒险行为。"要做一个高尚的人就不一定能成为一个清白的人。[1]

从理论上讲,美国人可以放弃塑造他们所处的世界的念头。而在实践中他们一刻都没有停止这样做。甚至在奉行孤立主义的短暂时期中,美国也没有真正地放弃塑造世界。与之相反,美国人一直在寻求一种既能满足其对一种特定世界的需求,又能尽量避免付出代价的方式,尤其是要避免将这种美式世界强加于他人时所要付出的道德代价。

这解释了为什么有那么多的美国人,无论属于何种政治派别,都迫切地想要掌控新的世界秩序。其实,这是一种大逃避。对保守派而言,冷战是一

---

[1] Reinhold Niebuhr, *The Irony of American History* (New York, 1962), pp. 5, 23.

场针对共产主义的意识形态斗争。① 当共产主义在苏联和东欧受挫时,作为大多数保守派,可能也包括许多自由派人士的代表,珍妮·柯克帕特里克(Jeane Kirkpatrick)希望美国能卸下其在冷战期间所"英勇"承担的全球领袖的"重任",并最终成为一个"正常的国家"。② 但美国许多其他自由主义者的希望有所不同。他们认为,当全世界都接受了民主价值观,美国就可以建立起伍德罗·威尔逊(Woodrow Wilson)所设计的国际秩序。这是一个法律和制度的世界,支持民主原则,并不再依靠一成不变且不完全道德的美国力量去维护道德和正义。若美国的力量必须得到运用,那仅仅是在美国作为一个不可或缺的国家而为国际社会服务的时候。

---

① 正如 Norman Podhoretz 1996 年在"Neo-Conservatism: A Eulogy"(*Commentary*, March 1996)一文中提出的,反对共产主义是他们"在对外事务中的主要兴趣"。
② Jeane J. Kirkpatrick, "A Normal Country in a Normal Time," *The National Interest*, Fall 1990, pp. 40 – 44.

10. 民主轴心与集权俱乐部

就像对大国竞争行将结束的预期一样,这些对意识形态上"历史的终结"的期望同样是基于一系列转瞬即逝的历史环境。尽管共产主义从我们的生活中退却,但民主的有力挑战者仍未消失。

自20世纪90年代中期开始,俄罗斯的民主改革基本夭折,取而代之的是一种可称为"新沙皇主义"的政治制度,所有重大事务都由最高领导人及其身边的强势集团决定。① 弗拉基米尔·普京及其代言人都口口声声不离"民主"二字,然而他们对民主的定义却更接近于中国。对普京而言,民主与其

---

① Trenin, *Getting Russia Right*, pp. 9 – 10.

说是进行竞争性选举不如说是顺从民意。普京认为其所领导的政权是民主的,因为政府会倾听民众的呼声,辨别人们需要什么并依此给予他们想要的东西。正如伊万·克拉斯特夫(Ivan Krastev)所言:"克里姆林宫所想的并非公民权利而是大众需求。"[1]对俄罗斯人而言,选举并不能为他们提供自主选择的机会,只是给他们权利认可普京所做出的决定。因为,普京控制了从内阁到立法机关的所有联邦政府机构。对普京而言,司法系统也只是用来对付政治反对派的工具。而若得不到普京的允许,政党制度中有关政治团体的方案也无法得到改进。此外,以普京为核心的权力机构也控制了国内绝大多数的媒体,特别是电视媒体。[2]

然而,至少就现在而言,绝大多数俄罗斯人似乎对这种统治基本满意。与共产主义不同,如果

---

[1] Krastev, "Russia vs. Europe: The Sovereignty Wars."
[2] Trenin, *Getting Russia Right*, pp. 9–10.

俄罗斯民众不参与政治运动,那么普京的统治便不会过多地侵犯他们的私人生活。与20世纪90年代俄罗斯那乱糟糟的民主政治相比,现政府至少还能提高人民的生活水平,当然这主要是由于石油与天然气价格的上涨。普京尽力废除俄罗斯冷战后签订的种种屈辱条约,重塑俄罗斯的伟大形象,可谓深孚众望。他的政治顾问认为:"为苏联复仇的信念将赋予我们力量。"[①]

对普京而言,国内统治的稳定直接关系到俄罗斯大国地位的复兴。政府对国内事务的有力控制,有助于其在国际上采取强硬政策。而俄罗斯在国际上实力的增强也能强化其国内统治的合法性。此外,俄罗斯不断增长的影响力也能够保护普京的集权统治免受来自外部的压力。欧美的政治家十分清楚地认识到在诸多国际事务中,强大

[①] Leonard and Popescu, "A Power Audit of EU-Russia Relations," p. 13.

的俄罗斯可以在很大程度上决定他们的日子能否好过,例如是否为伊朗提供能源供应。在这种形势下,他们更不愿因掺和俄罗斯的国内事务而与普京政府产生冲突,包括选举的公正性与政治体系的开放度等问题。

普京就领导者如何协调国际和国内集权统治的关系创造了一套治国哲学。他称俄罗斯的政治体制为"国家式民主"。这个新词内涵相当丰富,既体现了俄罗斯重振雄风的决心,又巧妙地避免了西方国家对其政治体制的刁难,同时还反映了俄罗斯采取的是一种东方式的民主。在普京看来,俄罗斯只有变得强大有力才能维护和拓展利益,也才能抗衡西方国家要求进行西方式政治改革的压力。俄罗斯既不需要,也不想要西方的政治体制。[1] 在20世纪90年代,俄罗斯在世界舞台上发挥的作用极为有限,同时被迫开放国门,以致

---

[1] Krastev,"Russia vs. Europe:The Sovereignty Wars."

外国商人和政府干涉其内政。普京希望能够在国际事务中对世界上其他国家施加重要影响,同时能够免受那些自己不欢迎的国际势力的影响。①无论是戈尔巴乔夫还是叶利钦都曾向西方乞求,并主动邀请西方介入俄罗斯内政。而与此同时,中国领导人却并不买西方的账,反而顺利渡过危机。中国政府平定了国内局势,对外部的反对浪潮则不予理睬,直至风平浪静。这两个大国的命运发人深省。90年代末,中国的经济增长率、军事实力、国际影响力都得到了空前提升。

当然,中国也在学习苏联的经验教训。1989年政治风波之后,西方民主世界都在期待中国朝

---

① 正如克拉斯特夫所说,"与克里姆林宫关系密切的寡头们将拥有自己的英超俱乐部,俄国的中产阶级也可以在全欧洲自由旅行,但跨国公司却不可以开发俄罗斯的自然资源,俄罗斯内部的批评者也将被驱逐出欧洲国家的首都"。Ivan Krastev, "Russia as the 'Other Europe,'" in *Russia in Global Affairs*, No. 4 (October/December 2007).

着自由、民主与现代化的道路前行,但中国共产党却继续强化对国内的控制。近年来,尽管西方不断预言中国的政治开放已近在眼前,但实际上中国的集权体制仍日趋巩固,并未走向改革。很显然,时下中国领导层并不希望因改革而削弱权力。一些西方观察家认为,只要中国经济按现有增长速度发展下去,会面临诸多国内问题的挑战,到那时无论是否情愿,中国的领导层都必须进行改革。然而现在看来,这种判断并不准确。当前大部分经济学家都相信中国在未来一段时间内仍将保持高速的经济增长。敏锐的观察家们发现,中国领导层在处理国内问题时往往将执政能力与铁腕手段进行有效结合。而对中国大众而言,只要经济持续增长,集权政府的管理也可以接受。正如安德鲁·内桑(Andrew Nathan)和布鲁斯·吉列(Bruce Gilley)所言,现在的中国领导层不会"屈从于各种国内问题,更不会轻易向因经济全球化进程而渗透进来的自由价值观妥协,其目的是要向外界证明,共产党在中国的领导地位相当巩固,西方与中国打交道时应采取更加明智的态度"。[1]

中国的事实证明,国家财富的增长与集权制政体是可以兼容的。集权制也在不断地学习、改进以适应社会发展。俄罗斯与中国的集权政治都诠释了如何在保持经济开放的前提下抑制政治活动。两国的领导层很高兴看到,人们都热衷于赚钱,从不把鼻子伸向政治,因为这些人知道一旦介入政治,就很可能危及自身安全。新增长的财富也赋予掌权者更大的能力去掌控信息的流动,例如垄断电视台的节目、监控网络信息等。这类行为往往会得到希望与现政权做生意的外国公司的帮助。[2]

---

[1] Nathan and Gilley, *China's New Rulers*, p. 236.
[2] 两位研究该问题的学者注意到:"集权制国家有时会依靠经济增长,而不是民主变革来巩固其政权。" Bruce Bueno de Mesquita and George W. Downs, "Development and Democracy," *Foreign Affairs* 84, No. 5 (September/October 2005), pp. 78, 85.

长期而言,经济繁荣确实会带来政治自由主义,然而"长期"究竟要有多长呢?如果这个转变需要大量的时间,那么就无法在这一预期下制定任何与战略或地缘政治关联的政策。就像一个老笑话里讲的那样,德国早在19世纪末就走上了经济现代化之路,仅仅用了不到60年就孕育出了成熟的民主体制。唯一的问题是,这60年间发生了什么?尽管全世界都期待着改变,但就当下而言,世界上已有两个大国采取了集权制,并且在可预见的未来仍将持续。这两个国家同属世界上最大的国家之列,总共拥有15亿以上的人口,军事实力分别位列世界第二和第三。

这些集权政体的力量和持久性将深刻地影响国际体系。当今的世界不会像冷战时那样出现意识形态的斗争。但至少,这并不是一个具备"普世价值"的新时代,紧张局面将不断增长,民主力量与集权制力量之间时有冲突。

经历了冷战的意识形态之争,人们很容易忘

记:自由主义与集权制的冲突由来已久,早在启蒙时代就开始了。18世纪末19世纪初,正是这二者间的冲突将美国与欧洲一分为二;在19世纪与20世纪之交,它又成为了欧洲与世界其他国家的分水岭。而现在自由主义与集权主义之争构成了21世纪地缘政治中的主要矛盾。

在过去的10年中,西方一直推测,如果中国和俄罗斯的领导人放弃了共产主义的信念,他们便没有什么可信奉的了。他们都转变为没有任何意识形态和信仰的实用主义者,只追求自己和自己国家的利益。但和过去其他集权政治的掌权者一样,中国与俄罗斯的掌权者都有一套信条去指引国内外政策的制定。这并不是一个全方位、系统的马克思主义或自由主义的世界观。事实上,这是一套有关政府与社会、统治者及其人民之间正当关系的混合信仰体系。

俄罗斯与中国的领导人推崇一个强大的中央政府而轻视孱弱的民主政体。他们相信,若要让这广袤且情绪易于激动的国家走向繁荣就必须具备秩序与稳定。在他们看来,民主那游移不定和混乱无序的状态将使国家趋于灭亡,正如20世纪90年代的俄罗斯一样。他们认为,如果要使国家富强并受到世界的尊重,真正有能力守护和推动国家利益,就必须在国内奉行强力统治。中国的悠久历史尤其是战乱层出不穷的历史经验,对中国领导者提出了告诫,国内政治体系的崩溃和分裂必定会导致外部入侵。因此,当西方社会将1989年政治风波视为中国政治开放的表现而为之欢呼时,中国领导人却视其为致命的内乱。

事实上,中国与俄罗斯的领导人并非仅仅是集权者,他们已经对集权政治深信不疑。而在全球化的世界中,那些相信"历史终结"的现代自由主义者对集权政治经久不息的吸引力总是不屑一顾。从历史的眼光来看,俄罗斯与中国的领导层并非特例。17~19世纪欧洲君主们都笃信君主集权制的优越性。自柏拉图、亚里士多德开始，所有18世纪之前的大思想家都将民主视为放纵、贪婪和愚昧的一群乌合之众的统治。在20世纪上半叶，像美国、英国、法国这些民主政权都面对着同样强大的专制政权如德国、俄罗斯和日本。而对那些小国而言，采取民主制或集权制的概率差不多。只是到了20世纪下半叶，民主政体才开始在世界范围内广泛拓展。直至20世纪80年代，民主政体才成为最普遍的政权形式。就此而言，俄罗斯与中国的领导者并非第一个认为民主政体不是最好的人。

西方舆论常说，莫斯科与北京的掌权者都是中饱私囊之人，中国的领导者是一群政客，克里姆林宫则是"俄罗斯股份有限公司"。当然，中国与俄罗斯的领导者确实也在为自己打算，以权谋私，享受因权力而带来的财富与奢华。但在过去的岁月中，那么多伟大的国王、帝王与教皇莫不如此。凡是权势人物，都喜欢运用权力并获取财富。但他们深信自己对权力的使用是服务于更高层次的目标。他们自认为是在为人民服务,包括提供秩序、发展经济、维护统一,在国际上获取更大的影响力、敬意以及实力。事实证明,迄今为止,中国和俄罗斯的大部分人并不反对这一观点。

如果集权政体具有一套自己的信仰体系,那么自然也存在一套属于自己的利益。中国和俄罗斯的领导者确实是实用主义者,不过是很实用地追求那些能维护他们权力地位的政策。路易十四则更有名言:"朕即国家",并宣称自己就是法兰西的化身,法国的利益和他的利益完全一致。而当普京宣称自己有"道德的权力"继续统治俄罗斯时,也就是认为留任本身就是俄罗斯国家利益的体现。路易十四无法想象,一旦君主制消失之后,法国的利益何在;而普京也无法想象,一旦放弃集权统治,俄罗斯的利益何在。中国学者裴敏欣指出,如果让中国领导人选择是要经济效益还是保存权力,他们肯定会选择权力。① 这便是掌权者的实用主义哲学。

掌权者自我保存的利益取向在外交政策层面也得到了明显体现。在君主制时代,外交政策为君主服务。在宗教冲突的时代,外交政策服务于教会。在当代,民主政治追求一种能巩固世界民主的外交政策。而当今的掌权者则追求一种即便不为集权政体也要为自身安全考虑的外交政策。

俄罗斯就是一个能够说明内政如何影响外交的典型案例。一个民主化的俄罗斯甚至于戈尔巴乔夫主政时的苏联,都会以一种平和亲切的眼光看待北约,并与那些共同走向民主的邻国保持良好关系。但如今,普京则将北约视为俄罗斯势不两立的敌人,质问北约"扩张是为了对付谁",并认

---

① Minxin Pei, *China's Trapped Transition: The Limits of Developmental Autocracy* (Cambridge, Mass., 2006).

为这是对俄罗斯"严重的挑衅"。[1] 然而事实上,与戈尔巴乔夫时代相比,当前北约对莫斯科的攻击和挑衅丝毫未有增加,反而有所收敛。当前俄罗斯愈发具有攻击性,北约却愈发温和。当俄罗斯日益民主时,俄罗斯领导人把他们的利益与自由民主世界紧密相连。现如今,俄罗斯政府却对民主满腹狐疑,尤其是十分防范周边的民主国家。[2]

这简直无法理解。尽管这些集权制国家的财富与影响力有所增加,但在21世纪集权政治仍是少数。正如中国学者所指出的,在苏联共产主义覆灭后,民主自由主义已成主流。而且由美国及其民主盟友所主导的国际等级体系一直致力于发

---

[1] Speech by President Vladimir Putin at the 43rd Munich Conference on Security Policy, February 10, 2007.

[2] 正如爱沙尼亚总所指出的,当前俄罗斯"和与其接壤的所有民主国家的关系都不好",但"与那些不民主的国家间的关系却很好"。Speech by President Toomas Hendrik lives at Tbilisi University, May 8, 2007.

展民主,形成了一个"以美国为中心的权力集团"。对于这个排外而强大的民主世界,中国与俄罗斯总感觉自己是圈外人。[1] 正如一位官员在2008年达沃斯论坛上所抱怨的:"总是你们西方国家在制定规则、为他国打分并告诉他国'你是一个坏男孩'。"[2]普京也曾挖苦似的抱怨过:"我们总是不断地被民主国家教训。"[3]

与作为民主中心的华盛顿、伦敦、巴黎、柏林或布鲁塞尔相比,北京与莫斯科这两大集权中心看待后冷战世界的眼光势必有所不同。对北京的领导人而言,1989年政治风波后以美国为首的国际民主同盟对中国进行罕见的全面经济制裁乃至

---

[1] Yong Deng and Fei-Ling Wang, eds., *China Rising: Power and Motivation in Chinese Foreign Policy* (Lanham, Md., 2004), p. 10.

[2] Katrin Bennhold, "New Geopolitics Personified," *International Herald Tribune*, January 24, 2008, p. 10.

[3] Speech by President Vladimir Putin at the 43rd Munich Conference on Security Policy.

更为痛苦的外交孤立的这段历史并不遥远。自此以后,中国"开始有了不安感",并十分担忧自己"总是成为某些大国特别是美国孤立和攻击的对象"。于是,"在这种四面楚歌的感觉中,中国政府开始深切关注自身政权的生存"。①

20世纪90年代,美国领导的民主世界颠覆了巴拿马与海地的集权政府并两次对米洛舍维奇领导的塞尔维亚集权政府开战。与此同时,由西方政府支持的国际非政府组织(NGOs)也在中东欧和中亚地区不断地培训反对党并积极推动选举改革。2000年,由国际支持的反对派力量和国际选举监测组织最终推翻了塞尔维亚的米洛舍维奇政权。不到一年的时间,米洛舍维奇便被押送到国际海牙法庭,并于五年后死于监狱。

---

① Fei-Ling Wang, "Beijing's Incentive Structure: The Pursuit of Preservation, Prosperity, and Power," in Deng and Wang, *China Rising*, p. 22.

从 2003 年到 2005 年,西方民主国家和国际非政府组织给予亲西方和亲民主的政党和政治家们以资金上和组织上的支持,从而促使这些政党和政治家们能够推翻在格鲁吉亚、吉尔吉斯斯坦、乌克兰和黎巴嫩的集权政府。欧洲人与美国人都为这些革命而欢欣鼓舞,他们把这些政治改革视为通向自由民主的人类发展的必由之路。但北京和莫斯科的领导者基于地缘政治的考虑,认为这些由西方支持、美国中情局授意的革命进一步巩固了美国及其欧洲盟友的霸权。德米特里·特列宁指出:乌克兰和格鲁吉亚的骚乱造成了"俄罗斯与西方关系的进一步恶化",促使克里姆林宫"推动外交政策的转向"。[1]

普京对颜色革命一直忧心忡忡。这不仅是由于颜色革命对俄罗斯的地区野心构成了冲击,也是因为普京担忧这些发生在乌克兰和格鲁吉亚的

---

[1] Trenin, *Getting Russia Right*, p. 3.

革命会在俄罗斯重演。正是基于上述考虑,普京在 2006 年开始控制、限制,甚至在某些情况下禁止一些国际非政府组织的活动。时至今日,普京仍然一直警告要注意对抗那些潜伏在俄罗斯的"胡狼","他们向那些外国专家取经,又在邻近的共和国练手,以后就要拿俄罗斯开刀了"。[1]

普京的忧虑看起来也许很荒唐甚至危言耸听,但并非毫无根据。在后冷战时代,大获全胜的自由主义开始通过将"国际社会"的权利作为一项国际原则来干涉某些损害人民权利的主权国家,以此来扩大胜利果实。国际非政府组织开始干涉国家内政;国际组织如欧安组织(Organization for Security and Cooperation in Europe)开始负责监督和评判选举的公正性;国际法学专家则开始讨论

---

[1] Anna Smolchenko, "Putin Lashes Out at West and Domestic Critics at Election Rally," *International Herald Tribune*, November 21, 2007.

是否应该对国际法体制进行改革,引入像"保护的责任"或是"自愿放弃主权"这样的新概念。从理论上讲,这些革新适用于每一个国家。而实际上,这些革新旨在赋予民主国家干涉非民主国家事务的权利。不幸的是,对中国、俄罗斯及其他集权制国家而言,面对这些国际政治革新,并不存在像大西洋那样的天堑能使它们置身事外。虽然美国历来对自身主权倍加珍惜,却时刻准备着干涉他国内政。曾经坚定支持威斯特伐利亚秩序的欧洲国家,一直主张国家主权神圣不可侵犯。但如今的欧洲却一反传统,修正了旧有条例并创设了一个新体系。这个体系正如罗伯特·库珀所言:"各国相互介入彼此的内部事务,甚至连啤酒与香肠的问题都要过问。"[1]

正是这种干涉倾向导致了国际体系中民主世界和集权集团的对立。三个世纪以来,国际法框

---

[1] Cooper, "The New Liberal Imperialism."

架并不主张干预国家内政，这有助于保护集权制政体。如今，民主世界正在努力去掉这一个保护壳，而集权制政体则千方百计捍卫有关主权神圣不可侵犯的原则。

与2003年的伊拉克战争相比，1999年的科索沃战争对俄罗斯和中国而言更具转折性。在科索沃战争中，俄罗斯和中国都持反对北约的立场。这不仅仅是因为中国大使馆遭到了美国战斗机的轰炸或俄罗斯在塞尔维亚的斯拉夫远亲们因北约的空中战役而濒临灭亡。当俄罗斯在联合国安理会上威胁将阻止北约的军事行动时，北约便绕过了联合国并独自指挥行动，这就等于否决了俄罗斯为数不多的施加国际影响力的手段。在莫斯科眼里，北约的举动无疑是违背了国际法，这不仅仅是因为北约的行动没得到联合国的授权，并且还因为这是对一个并非属于侵略国家的主权国家的干涉。而在中国看来，"干涉主义者强调人权"不过是"自由霸权主义"实现全球统治的一个新而有效的战略手段。① 多年后,普京依然坚持此次战争是西方国家对"国际法的蔑视"并明确指出"北约与欧盟从未打算听从联合国"。②

俄罗斯与中国的关系极为密切。当下,包括基辛格在内的不止一位权威专家警告过:"贸然抛弃国家主权的概念"将使世界面临着脱离一切国际合法秩序观念的风险。对此,美国总是不屑一顾。在美国历史上,干涉或推翻别国政权的事件屡见不鲜。然而,即便是后现代欧洲为了维护更高层次的启蒙道义也对法律细节置之不理。正如罗伯特·库珀所观察到的,欧洲正在被"对大屠杀的集体记忆和二战中极端民族主义所造就的流离失所的人潮"所支配。在这种"普遍的历史经验"中,捍卫人权的一切理由都是正当的。基辛格提

---

① Shambaugh, *Modernizing China's Military*, p. 298.
② Speech by President Vladimir Putin at the 43rd Munich Conference on Security Policy.

醒到,在这样一个"真理对撞"的世界中,人权至上的教条将有导致混乱的风险。对此,库珀回应道,后现代欧洲"已不存在真理对撞的地带"。①

然而,民主国家并未处理好国际法与自由道德之间的冲突。就像1989年政治风波时一位中国官员所质问的:"美国有什么权利……公然干涉中国内政?"②这一追问一直持续到现在。的确,这究竟是怎样的权利?然而只有自由主义信条才能赋予美国这一权利。自由主义信条包括以下基本内容:人人生而平等并拥有政府不可剥夺的"天赋人权";政府的权力与合法性源自人民大众的认可;政府有责任捍卫公民的生命、自由与财产权。于是,对于那些共享这些自由信念的国家而言,运用

---

① Robert Cooper, *The Breaking of Nations: Order and Chaos in the Twenty-first Century* (London, 2003), pp. 60 – 61; Henry Kissinger, "The End of NATO as We Know It?" *Washington Post*, August 15, 1999, B7.
② Shambaugh, *Beautiful Imperialist*, p. 274.

外交政策甚至战争去捍卫这些基本原则都是合理的，例如科索沃战争。即便现行国际法认为这些举措不合法也无关紧要。但对中国和俄罗斯以及其他不认同此种世界观的国家而言，美国及其民主盟友之所以能成功地将它们的价值观强加于他人，并不是因为它们是正确的，而在于它们具有足够的实力采取行动。对非自由主义国家而言，国际自由秩序并不是进步，而是一种镇压手段。

这不仅关乎理论之争与国际法体系中的细节争议。对集权制国家而言，这场关于政府合法性基础的争论关系到他们的生死存亡。中国领导者至今都无法忘怀，如果1989年西方民主世界的阴谋在中国得逞的话，那么现在他们就无法继续掌权，而是早已锒铛入狱甚至更糟。普京也曾抱怨道："我们发现现在一些国家越来越不把国际法基本原则当回事了。"在这里，普京不仅仅指的是非法使用暴力，更是指在"经济、政治、文化和教育政策"上的不公正。他还谴责西方民主国家用"一国的法律体系"来改造他国的"独立法治规则",而像欧安组织这样的国际机构则沦为民主制度的"低级工具"。因此,普京疾呼:"没有一个国家感到安全!因为没有一个国家感到国际法像一堵厚实的墙一样在保护它。"[1]

西方民主社会当然不会承认它们有此意图,而普京和中国领导人的担忧也在情理之中。美国和欧洲的政策制定者总是说希望俄罗斯和中国也能够融入国际自由民主秩序中,然而俄罗斯和中国的领导者对此却一直小心翼翼。因为,一旦集权制国家进入国际自由秩序之中,谁能保证它们不会遭受自由主义的暴力?

这一问题的答案让集权主义者心存忧虑,于是在融入国际自由秩序的道路上徘徊不前,甚至有所倒退,并造成了相应影响。接受新的国际秩

---

[1] Speech by President Vladimir Putin at the 43rd Munich Conference on Security Policy.

序就必将削弱国家主权,在国际上弱化对集权制度的保护。中俄两国不愿接受这种局面,而是努力推行一种新的国际秩序,强调国家主权具有至高无上的价值,从而保护集权制政府免受外部干预。

目前来看,俄罗斯与中国的努力取得了一定的成功,集权政治正在逐渐复苏。世界上最具影响力的几个大国意识形态旗帜的变更会对小国领导人的决策产生一定影响。20世纪30年代到40年代,正是由于法西斯主义在意大利、德国和西班牙的成功,才促成了它在拉丁美洲的盛行。20世纪60年代到70年代,共产主义在第三世界广泛传播,这不仅是因为苏联的苦心经营,更是由于政府的反对派要打着马列主义旗号进行反抗,才能获取来自莫斯科的支持。当共产主义在莫斯科遭遇挫折时,世界范围内的共产主义运动也进入低潮期。冷战后期民主主义蓬勃发展,并于1989年达到高潮,受此影响,80年代到90年代在全世界兴起了民主化浪潮。那么,这两个集权制大国的崛起必将影响到意识形态之间的平衡,集权政治的趋势将有所强化。

集权制度在国际上并非毫无吸引力。得益于数十年经济的迅速发展,今天的中国已经可以宣称,开放的经济制度与封闭的政治体系相结合的经济发展模式值得很多国家效仿。中国提供了一个成功的集权政治发展模式,在避免政治自由化的前提下,该模式有效维护了社会稳定,并创造了经济财富。而俄罗斯的"国家民主制"则对中亚的集权制国家也颇具吸引力。某些欧洲国家甚至担心,俄罗斯模式"将可能成为欧盟模式的替代者,尤其是在有关主权、权力与世界秩序等核心观念上"。[1] 20世纪80~90年代,集权制度黯然失色,无论是左翼还是右翼的政权在自由化浪潮中都节

---

[1] Leonard and Popescu, "A Power Audit of EU-Russia Relations," p. 8.

节败退。如今,由于中国和俄罗斯的成功,集权制度的状况可能会得到改善。

目前,中国与俄罗斯已不再积极输出意识形态,然而对于那些遭到民主世界敌视和攻击的集权政体而言它们却是一个庇护所。20世纪90年代,伊朗神职人员对萨尔曼·鲁西迪(Salman Rushdie)下达了追杀令,因此伊朗与欧洲的关系日益恶化。此时,伊朗一位有影响力的领导人阿克巴尔·哈什米·拉夫桑贾尼(Akbar Hashemi Rafsanjani)便有感而发:与中国这样的国家保持友好关系就容易多了。[1] 2005年乌兹别克斯坦领导人因暴力镇压反对派集会而受到小布什政府的强烈指责。作为回应,乌兹别克斯坦加入了上海合作组织(Shanghai Cooperation Organization),并逐渐向莫斯科靠拢。中国经常向非洲和亚洲的集权

---

[1] John W. Garver, *China and Iran: Ancient Partners in a Post-Imperial World* (Seattle, 2007), p. 101.

制国家提供大量无偿援助,例如缅甸和津巴布韦,化解了"国际社会"强加给这些国家的政治改革压力。而事实上,这些所谓的政治改革其实意味着政体的变更。欧美国家对此十分不满,但集权制国家肯定不会因为西方民主世界的压力去为难其他集权制国家。因此,中国绝不会帮助美国去颠覆缅甸政府,更不会帮助非洲国家进行西方所希望的政治体制改革,毕竟它们自己在政治改革上都不怎么热心。

中国官方也许会谴责缅甸的统治者,也会要求苏丹政府采取措施缓和国内冲突。莫斯科偶尔也会与伊朗保持距离。然而仰光、喀土穆、平壤、德黑兰的统治者们都很清楚,在这个大多数人都与他们敌对的世界中,北京和莫斯科就是他们能够找到的最佳保护人,甚至是困境中的唯一支持者。在民主制与集权制的对立中,集权制国家对国际秩序的利益与观念基本如出一辙。正如李鹏对拉夫桑贾尼所说的那样,中国与伊朗都渴望去创造一个新的世界秩序,"一国采取何种社会制度应由本国人民来决定"。①

事实上,民主制与集权制的竞争正在全球范围内展开。俄罗斯外长谢尔盖·拉夫罗夫(Sergei Lavrov)说,"多年来,在不同的价值观体系与发展模式之间,第一次在意识形态市场上具备了真正的竞争环境"。"西方在全球化进程中已经失去了垄断地位",这对俄罗斯来说的确是个好消息。今天的俄罗斯人在谈及多极世界时,不仅仅关注权力的重新分配,而且十分强调不同价值观与意识形态之间的竞争,这将"为多极化的世界秩序奠定基础"。②

民主世界对这种鼓动意识形态竞争的话题深感吃惊。对他们而言,这一竞争在柏林墙倒塌之

---

① John W. Garver, *China and Iran: Ancient Partners in a Post-Imperial World*, p. 103.
② Russian foreign minister Sergei Lavrov, "The Present and the Future of Global Politics," *Russia in Global Affairs*, No. 2 (April/June 2007).

后就画上了一个句号。世界民主阵营并不把对国际民主和启蒙原则的支持视为地缘政治竞争的一部分,在他们眼中这些都是不证自明的普世价值,无须所谓的"真理对撞"。正因如此,民主国家很少有意识地运用财富与实力去迫使他国接受它们的价值观和基本原则。在属于民主国家阵营的国际机构与国际联盟中,他们要求成员国绝对拥护自由民主制度的原则。欧盟和北约在接收新成员,提供经济与安全支持之前,都会要求新成员必须对经济与政治体制进行改革。2007年底,当格鲁吉亚总统宣布全国进入紧急状态时,就呼吁要立即加入北约和欧盟。而时至今日,格鲁吉亚仍然徘徊于俄罗斯的集权制与欧洲的自由主义之间的真空地带。如果民主阵营最终对格鲁吉亚置之不理,那么格鲁吉亚将别无他途,只能加入莫斯科。

这种竞争并非冷战时代的回潮,而更接近于19世纪局面的重现。19世纪,俄罗斯和奥地利等奉行君主制的统治者在大革命之前一直在支持法国的独裁政权，同时对发生在德国、波兰、意大利、西班牙的自由主义起义进行暴力镇压。与此同时，帕默斯顿领导的英国政府却竭力扶助欧洲大陆的自由主义运动；美国也为发生在匈牙利和德国的自由主义革命而欢呼雀跃，并对俄罗斯动用军队镇压波兰的自由革命表达了愤怒。而今，乌克兰正成为西方势力与俄罗斯势力交锋的战场，而且这种情况在将来还会再次发生。格鲁吉亚很可能成为下一个乌克兰。如果乌克兰和格鲁吉亚的民主运动惨遭失败或被暴力镇压；如果这两个国家在莫斯科的扶持下成为集权国家，那么，欧洲将会是什么样子，世界又将是什么样子。这是很值得思索的问题。同样，如果中国大陆动用武力打破台湾的现有政治框架，那么又将对东亚带来怎样的影响？

也许这不会导致战争，但民主制政府与集权制政府之间的全球性竞争将成为21世纪世界的主要特征。各大国都开始站队,明确表示自己属于哪一阵营。印度在冷战时期以中立自居并对苏联有所偏向,现在却明确表示自己是西方民主阵营的一分子。[①] 近年来,日本也逐渐将自身定位为民主大国,与亚洲其他民主国家以及世界范围的民主国家共享同一种民主价值观。日本与印度对民主的追求是真心的,然而也有部分是基于地缘政治的考虑,即通过巩固与其他民主大国的联系,从而有助于与中国开展战略竞争。

国际事务中并不存在完美的对称。大国间的竞争以及民主与专制之间的对抗是当今时代最重要的两大现实。然而在这两种对立中形成的联盟关系却不尽相同。为了与中国进行地缘政治竞争,削弱北京的战略优势,民主制印度不惜支持缅甸的集权制政府。印度的外交家们喜欢在大国之间借力打力,时而与俄罗斯来往密切,时而又和中

---

① 见 Mohan, "India and the Balance of Power"。

国表现得亲密无间。民主的希腊与塞浦路斯之所以会亲近俄罗斯,并不仅仅因为它们在文化上同属东正教,更多是出于经济利益的考虑。同样是出于战略和经济原因,美国长期以来一直与阿拉伯的集权政府结盟,并与巴基斯坦的历届军人政权建立同盟。正如冷战时期一般,出于战略、经济与文化属性的考虑,意识形态之间的对峙有时也会弱化。

然而,当前要预测一个国家在地缘政治中的倾向,最好的标志物就是它的政府组织形式,而不是文化归属或地理位置。目前,亚洲的民主政府正与欧洲的民主政府联合起来,共同对抗亚洲的集权制政府。在中国观察家眼中,亲美的民主国家所构成的"V形地带"正从"东北亚延伸到中亚"。[1] 2007年印度、美国、日本、澳大利亚和新加

---

[1] Liu Xuecheng, " Blueprint for ' Asian NATO ' ," *People's Daily*, June 3, 2004.

坡的军队在孟加拉湾进行联合军事演习,中国及其他国家的观察家称之为"民主轴心"。[1] 日本首相表示"亚洲民主共荣圈"正由日本向印度尼西亚和印度扩展。[2] 俄罗斯政府曾公开"警告"北约与欧洲安全合作组织的行为导致了冷战时期集团政治的复苏。然而也正是俄罗斯自己首先将上海合作组织界定为"反北约"联盟甚至称之为"华约第二"。[3] 2007年东盟国家在解决缅甸问题时产生了严重分歧,会议在半途终止。印度尼西亚、菲律宾等民主国家在日本的支持下希望制裁缅甸军政府;而越南、柬埔寨和老挝等受到中国支持的集权

---

[1] 这一说法忽略了一个事实,即新加坡并不是民主国家。Hisane Misake,"'Axis of Democracy' Flexes Its Military Muscle," *Asia Times*, March 31, 2007 (online).

[2] Speech by Prime Minister Shinzo Abe to the Parliament of the Indian Republic, New Delhi, August 22, 2007.

[3] Adrian Blomfield, "Putin Praises Strength of Warsaw Pact 2," *Daily Telegraph*, August 20, 2007.

制国家则竭力反对,此例一开,那么在将来的某一天它们必定也得深受其害。[1]

美国与其欧洲盟友在伊拉克战争后所产生的明显分歧现在正在被更重要的地缘政治分歧所掩盖。尤其是跨大西洋民主联盟与集权制俄罗斯之间不断升级的紧张关系。欧洲对俄罗斯的态度日益强硬,对中国也是如此。民意测验显示,近年来在英国、德国、法国和西班牙等国家,中国的国家形象正不断下滑。在2007年,只有34%的德国人对中国有好感,[2]这就不难理解为什么2007年即便是中国一再表达强烈不满,德国总理安吉拉·默克尔还是要会见达赖喇嘛。

但这些做法并不表明美国和欧洲认为这是处

---

[1] Wayne Arnold, "Southeast Asian Pact Exposes Rifts," *New York Times*, November 21, 2007.

[2] 见 The Report of the Pew Global Attitudes Project, "Global Unease with Major World Powers," released on June 27, 2007, p. 40。

理与莫斯科或北京间关系的最佳方式。中国仍是欧洲常规战略最关注的对象,因此欧洲比美国、印度、日本表现得更能适应中国的崛起。至于俄罗斯,欧洲国家则更愿意实行类似冷战时期以和解为导向的东方政策,而不是执行更具对抗色彩的美国式政策。但目前欧洲的发展趋势却是向着民主大一统的方向前进。德国领导人在谈及在亚洲发展民主体制时,指出不应过于关注与中国的"经济纽带",更应当重视价值观层面的问题。同时,欧洲应当寻求与"韩国、日本、印度和印度尼西亚等能够在安全与其他全球重要议题中扮演一定角色的民主国家"发展更紧密的战略关系。[1]

埃及与沙特阿拉伯的集权制政府都与华盛顿关系密切,但巴勒斯坦最近的民主选举却造就出

---

[1] Judy Dempsey, "Germany Looks to Asia, at China's Expense," *International Herald Tribune*, November 20, 2007.

一个反美政府。这并不令人惊讶,因为阿拉伯穆斯林认为美国就是一个最新的西方入侵者。而问题的关键在于,中东的这种例外会持续多久?在未来,埃及与沙特阿拉伯很可能会认为与它们的集权制伙伴莫斯科与北京交往将得到更多好处。而日渐民主的黎巴嫩、伊拉克与摩洛哥则将在中东组建一个亲美的民主同盟,同时科威特、苏丹和巴林等较为温和且处于民主化进程中的专制国家也会加入。

集权制俱乐部与民主制轴心在全球范围内的分裂对国际体系有着广泛的影响。"国际社会"这一词还能否继续存在?这个词的内在意义是在国际行为规范、国际道德准则甚至是良知上存在跨越国界的基本准则。但如今,世界几大强国之间并不存在这样的共识。是否对某国内政进行干预、实施制裁或者外交上的孤立,在这样的重大战略问题上已经不存在一个能够召集或领导世界各国的国际社会。在科索沃战争期间,这一问题暴露无遗。西方民主世界与中俄及其他欧洲以外的集权制国家在科索沃问题上分道扬镳、各行其是。现如今,在达尔富尔、伊朗和缅甸也出现了同样的状况。

一些人可能会认为,在面对诸如疾病、贫穷以及气候变化这类跨国问题时,大国之间或许能抛开利益与世界观的冲突,通力协作。然而,大国间的分歧反而使问题处理起来更加复杂。民主国家与中国就是否以及怎样援助非洲贫穷国家的分歧已经影响到了世界扶贫工作的顺利开展。地缘政治的算计与考量则已经影响到了应对气候变化的国际谈判。中国与印度认为,发达的西方工业国在经过数十年的废气和温室气体超标排放而达到现有水平后,却不允许中国与印度再走它们的发展道路。因此,北京时常怀疑西方试图限制中国的成长,并遏制中国成为一个有竞争力的大国。

《核不扩散条约》的实施也面临类似的遭遇。防止其他国家发展核武器原本是大国间的共同利益,但是大国之间的利益冲突与政府形式的差异却盖过了利益的一致性。俄罗斯和中国支持伊朗发展核武器。而为了与中国在战略竞争中得到新德里的帮助,美国则支持印度发展核武器。

国际社会的消亡在联合国安理会中得到最明显的体现。冷战之后,安理会在国际事务中的作用有所复苏,但极为短暂,不久就跌落谷底。在诸多重大国际议题上,安理会中集权制国家与民主国家之间的界限已经泾渭分明,然而这一事实一度被法国颇具艺术性的外交手腕和中国战略上的谨慎掩盖了。民主阵营有计划、逐步地对伊朗、朝鲜、苏丹和缅甸的集权制政府进行制裁和实施惩罚性措施,而与此同时集权制阵营同样有计划地将这些举措的影响一点点弱化。在今后的几年中,这一分歧将愈演愈烈。

有人呼吁建立一个包括俄罗斯、中国、美国、欧洲和其他大国在内的新"协调"进行共同治理,然而这基本不可行。19世纪初期的欧洲协调是在共同的道德观和政府行为准则的条件下进行的。欧洲协调的目标不仅是欧洲的和平,更重要的是维护君主制与贵族制度的存在。法国与美国的革命在德国、意大利和波兰引起了巨大反响,君主制国家迫切需要建立协调机制应对自由主义的尖锐挑战。最后,由于民族主义与自由主义革命的强烈冲击,欧洲协调因无力应对而宣告瓦解。二战后,富兰克林·罗斯福(Franklin Delano Roosevelt)在联合国安理会建立的大国协调机制也是建立在意识形态的冲突上。

现在,大国之间鲜有共通的道德和价值观。取而代之的是,大国间的相互猜忌和不断上升的敌意。并且,在集权制国家看来,不管民主政府如何表述,它们对集权制政府的颠覆肯定是乐见其成的。在这些国家间勉强建立起来的协调,也是十分不牢靠的,在严峻考验面前就会迅速崩溃。

那么在全球化世界中,贸易的发展与经济相互依存度的提升能否化解这些分歧呢?显然,经济联系的密切有助于缓和大国矛盾。时至今日,中国领导人都避免与美国发生正面冲突,一方面是由于没有多大的胜算,另一方面则是担心中国经济会受到冲击,继而影响到集权统治的稳定性。同样,美国、澳大利亚和日本也会因为对中国经济的依赖而谨慎行事。美国大企业家对国家领导人的强大影响也使得他们不得不对中国采取更加包容的态度。在中国和俄罗斯,经济利益并不仅仅是国家利益,也是领导阶层的个人利益。正如德米特里·特列宁所言,如果俄罗斯的举动是纯粹的商业行为,那么俄罗斯的领导人也不会让那些激进的外交政策损害他们的财富。

历史证明,贸易纽带会缓和国家间冲突的理论并不受青睐。一战之前英国与德国的经济依赖关系绝不逊于当前的中国和美国,而如此紧密的贸易关系并未缓和英德间的紧张关系与冲突的爆发。当前,中美关系争议不断,美国国会甚至威胁要立法惩治中国在两国贸易中的不正当竞争行为。对欧洲和美国而言,它们对中国在经济方面所显示出的挑战的担忧有所强化,甚至超过了它们对中国战略上威胁的关注。55%的德国人认为中国的经济增长对德国"有害",而这一比例在2005年只有38%。这种观点在美国、印度、英国、法国乃至韩国都有明显体现。目前,60%的韩国人认为中国经济的不断发展将对韩国不利。①

就当下而言,中国似乎还能够忍受维持汇率稳定的重大压力、忍受人权问题上的攻击、不断升级的产品出口标准,以及欧美国家在其他方面的诸多刁难。然而,他们已经感觉到民主世界正在联合起来对付他们,利用上述一系列的纠纷与争论在经济上和战略上遏制中国。

最后,目前对能源资源的争夺已经成了地缘

---

① 见 The Report of the Pew Global Attitudes Project, "Global Unease with Major World Powers," released on June 27, 2007, pp. 42 – 43。

政治竞争的重要组成部分。为了寻找可依赖的油气资源,中国的对外政策重点已部分转向了伊朗、苏丹、缅甸和中亚。俄罗斯与以美国为首的民主制政权则竞相建立油气管道,以扩张自己的势力与影响或削弱对手。

单纯依靠经济纽带并不能化解国家间、意识形态间已经开始复苏的对抗现象。贸易关系并非存在于真空中,与地缘政治和意识形态斗争之间相互联系、相互影响。国家并非计算机器。人类成就了国家并生存其中,人性中存在着爱与恨、野心与恐惧、荣与辱,还有类似爱国主义、意识形态等信仰。人类正是为了这些无形更不可衡量的东西而战斗乃至牺牲。千百年来一直如此,如今也不例外。

11. 伊斯兰激进派的无望之梦

在伊斯兰世界,尤其是中东,人性中的这些要素得到了最大程度的彰显。伊斯兰激进派总是与强大甚至冷酷无情的现代化、全球化的资本主义浪潮斗争。伊斯兰世界与建立在犹太—基督文化基础上的西方世界之间的冲突是当今国际体系的又一重大矛盾。这一矛盾冲突对融合范式作出了最富戏剧性的驳斥,因为伊斯兰激进派拒绝的恰恰是融合,也包括自由世界所谓的"普世价值"概念。

作为一个历史现象,伊斯兰激进派与现代化之间的斗争对国际事务的影响最终可能不及大国间矛盾或民主与专制之间的斗争。尽管已经发展到一个新的并可能是灾难性的规模,但伊斯兰世界对西方化的抵制已经不是什么新鲜事了。在过去,当古老且技术落伍的族群遇到更先进的文化时,武器上的落后便已经分出了高下。而今天,即便痛恨现代世界,忠于伊斯兰传统的激进主义者在坚持使用古老的暗杀和自杀式袭击的同时,也开始使用现代世界的武器来与之对抗。简言之,现代化和全球化的力量不仅激起了伊斯兰激进派的反抗,也为它们的斗争提供了武装。

然而,这是一场孤独并终将走向绝望的战斗。在传统主义与现代性的对峙中,即便传统势力拥有了现代的武器、技术和思想体系并造成惊人的损害,却依然注定要失败。世界上所有富有而强大的国家都或多或少在经济、技术乃至社会观念上得益于现代化与全球化。虽然伴随着不同程度的抱怨或抗拒,这些国家仍实现了商品、金融和服务的自由流动以及多种文化与生活方式的融合,而这些正是现代世界的特征。渐渐地,这些国家的民众开始收看同样的电视节目,聆听一样的乐曲,观赏相同的影片。尽管可能感到失落,但在接受这种主导性现代文化的同时,他们也接受了现代社会的伦理观和审美观。现代性意味着:妇女在政治、经济以及性方面的解放;教会权威的削弱和世俗力量的强化;过去所谓的"非主流文化"得以生存;虽然政治领域还谈不上完全自由,但至少在艺术创作中已经有了表达自由,包括亵渎和讽刺信仰、权威及道德象征的自由。而这些正是自由主义和资本主义摆脱了传统约束(包括强势的教会、泛道德化的集权政府)的必然结果。中国人发现了一条可以在拒绝政治自由化的同时在经济上实行市场经济的道路,但很难避免市场经济带来的文化自由化。

如今,伊斯兰激进派已成了最后一支坚持抵抗现代性浪潮的力量。"基地"组织的"精神之父"赛义德·库特布(Sayyid Qutb)宣称,只有通过与现代社会的全面战争,真正的伊斯兰教才能得到拯救。他希望"打碎现代性的所有政治和哲学结构,从而使伊斯兰教回归其纯洁的本源"。① 另一位风格迥异的伊朗宗教领袖阿亚图拉·霍梅尼(Ayatollah Khomeini)则明确地将现代性与启蒙运动分别对待,并同时拒斥二者。他对反对者们说:"没错,我们是反动分子,你们是启蒙分子。你们这些知识分子总是不愿让我们回到 1400 年之前。"②

以本·拉登为代表的伊斯兰极端主义者同样也拒绝民主制这一启蒙运动与现代性的伟大产物。阿布·穆萨布·扎卡维(Abu Musab al-Zarqawi)公开声明伊拉克的选举是无效的,因为"民主国家的立法者服从的是人而非神"。民主选举是"异端、多神论和谬误的渊薮",这一制度使得"孱弱而愚

---

① Lawrence Wright, *The Looming Tower*: *Al-Qaeda and the Road to 9/11* (New York, 2006), p. 24.

② Lawrence Wright, *The Looming Tower*: *Al-Qaeda and the Road to 9/11*, p. 47.

昧的凡人得以与真主比肩,亵渎了真主最神圣的特权——统治与立法"。正如伯纳德·刘易斯(Bernard Lewis)所写的,在伊朗等国的伊斯兰革命运动的目的是"荡涤那些在外族统治和影响下强加给伊斯兰土地与人民的异端污垢,恢复真正、神赐的伊斯兰秩序"。而民主制便是"异端污垢"之一。激进主义者认为,只有在未受西方基督教世界、自由主义和现代性污染之前的伊斯兰教才是最纯粹的伊斯兰教,是当下伊斯兰世界应当回归的本源所在。①

然而,这一目标是无法达到的。即使世界其他国家不加阻拦,伊斯兰主义者们也无法把社会带回1400年前了,更何况国际社会绝不会任其妄为。不论是美国还是任何其他大国都不会将中东

---

① F. Gregory Gause Ⅲ, "Can Democracy Stop Terrorism?" *Foreign Affairs* 84, No. 5 (September/October 2005), p. 69; Bernard Lewis, *The Middle East* (London, 2000), p. 377.

的控制权交给激进主义势力。部分原因在于该地区至关重要的战略地位，但还远不止于此。更主要的原因是，中东的绝大多数民众并不希望回到1400年前。他们既不反对现代性，也不反对民主。况且，在当今世界，即使获得了大多数人的支持，要将整个国家与现代社会相隔绝也是难以想象的。"基地"组织等势力想要建立的伟大的伊斯兰神权政体真的可以把外界的所有信息都拒之门外，从而使自己的民众不受现代性的诱惑吗？毛拉们在伊朗都未能成功，要实现这个目标无异于痴人说梦。

正因如此，世界必将面临一场旷日持久的斗争。无论是美国、欧洲还是中国，甚至是中东的人民都无法，也不愿满足伊斯兰激进主义的要求。道理很简单，面对伊斯兰极端主义的步步进逼，这些现代化大国不可能一直退让。

不幸的是，这些大国也很难有效地团结起来应对伊斯兰极端主义的威胁。尽管在这场现代化与传统的斗争中,美国、俄罗斯、中国、欧洲以及其他大国大体同属一个阵营,但它们之间仍存在诸多分歧:国家间野心的冲突,民主与集权的对立,以及大西洋两岸在使用军事力量上的歧见等都削弱了大国间的合作意愿。而当与伊斯兰激进派中的恐怖主义势力间的军事对抗无可避免之时,这种分歧更加明显。欧洲人明确表示不愿发起"反恐战争",并且他们对这场斗争的热情也已经并将继续消退。对中俄两国而言,旁观美国在中东和南亚陷入与"基地"组织等伊斯兰暴力集团的苦战实在是一种诱人的享受,而同样诱人的便是让美国的力量在这一地区被拥有核武器的伊朗挑战。莫斯科与北京的掌权者很愿意为他们在平壤、德黑兰和喀土穆的小兄弟们提供保护并促进恐怖主义势力之间的相互勾结,核武器可能终将得以成功制造。

事实上,美国将与伊斯兰恐怖主义之间的斗争作为外交政策的唯一重点导致了一个严重的问题:它产生了一种假象,即美国可以与其他大国建立真诚的联盟与合作,而这实际上是不可能的。美俄或美中在反恐战争中能够建立起自愿的战略合作关系只是天方夜谭。对俄罗斯而言,反恐战争针对的是车臣;对中国来说,针对的则是新疆的东突分子。而当反恐战争涉及伊朗、叙利亚和黎巴嫩真主党时,俄罗斯和中国看到的更多是大国角逐中的有力伙伴,而不是恐怖分子。

12. 美国霸权的善与恶

在这样的世界中,美国应扮演何种角色? 一项全球民意调查显示:国际社会强烈期望削弱美国的影响,建立一个更加多极化和平等的国际体系。在美国国内也存在各种呼声,他们希望美国更加谦逊,限制野心并充分认识自身力量的限度。在伊拉克战争之后,全世界都在关注"美国问题"。毋庸置疑,由于美国的"胡作非为"或"当为而不为"之过,美国问题确实存在。但这种问题也不是近几年才出现的,而是贯穿于整个美国历史之中。美国的外交政策具有许多难以改变的特点,其中既包括单边主义倾向、对国际制度的怀疑、对国家主权的锱铢必较和对使用武力解决国际问题的极大偏好,也包括对他国施以援手的高贵的慷慨精神和对自身利益的开明态度。这些特质并不是布什政府创造的,也不会因布什的离去而消失。

然而,在未来几年里,甚至在当下,美国的实力及其所具有的扩张性是否仍是最紧迫的问题,已变得越来越值得商榷。如果具备完美自由秩序的世界即将得以建立,那么一个有着全球使命感的老式超级大国就很可能被视为旧时代的遗迹与进步的阻碍。但如果是在一个面临着新的动荡并摇摇欲坠的世界里,那么即使是一个有缺陷的民主超级大国,也可能发挥重要甚至是无可替代的作用。

碰巧的是,美国的优势并不会很快消失,大部分原因在于世界上很多人并不真的希望美国走向衰落。尽管上述民意调查的结果的确存在,但近年来美国与其新旧盟友之间的关系实际上是加强了。虽然相关预测认为其他大国将携手合作以抗衡蛮横的霸权,尤其是在伊拉克战争之后,但现实却背道而驰。

中国与俄罗斯一直在努力共同制衡美国,但

这两个大国要想建立持久的战略同盟仍障碍重重。中俄建立了一个武器装备同盟,虽然还没有达到正式战略同盟的层次,但俄罗斯已出售给中国价值数十亿美元的先进军事技术和装备,用于应对与美国可能出现的任何冲突。中俄强化了上海合作组织的作用,使其日益演变成一个军事和政治机构,尽管传统上中俄一直是对手。俄罗斯人依旧担心中国大规模且极具生产力的人口将在其人烟稀少的西伯利亚和远东地区悄然蔓延。同时,中国以制造业为主的经济也更加依赖美国市场,而不是出口石油的俄罗斯。俄罗斯领导人有时会担心中国对美国市场的喜爱会超过对美国霸权的憎恨。但眼下,中俄地缘政治利益的契合掩盖了两国间的分歧。中俄都希望削弱美国的优势并实现更加平等的世界权力分配。换句话说,中俄都想为自己获取更多的相对权力。

现阶段,摆在中俄面前的难题是,世界上的其他大国,包括欧洲、日本及印度等民主力量并不愿支持它们。与此同时,这些国家在地缘政治上正在向美国靠拢。作为莫斯科曾经的盟友,印度的变化最为明显。印度十分重视发展与美国的友好关系,并视之为实现更广泛的战略和经济目标的关键所在。印度外交部发言人更是直接宣称:"美国是占主导地位的超级大国,因此我们有充分的理由与其建立良好关系。"[1]而实际上,日本领导人在10年前就已得出了这个结论。20世纪90年代中期,日美同盟曾一度受到侵蚀。但自1997年起,日美两国间的战略关系重新加强:一方面是由于日本对中国与朝鲜的担忧逐步加深;另一方面则是因为日本希望通过日美关系的巩固来提升自己在东亚和世界的地位。此外,一些东南亚国家也开始采取防范措施应对崛起中的中国。即使是与美国关系复杂并敌视日本的韩国,也提高了对中国的警惕。在2007年

---

[1] Martine Bulard, "India's Boundless Ambitions," *Le Monde Diplomatique*, January 2007 (online).

的一次民调中,竟有高达89%的韩国人认为中国军事实力的增强是一件"坏事"。①

很明显,欧洲与美国的战略关系也正在变得更加紧密。几年前,格哈德·施罗德(Gerhard Schroeder)和雅克·希拉克(Jacques Chirac)希望通过拉近与俄罗斯的关系来制衡美国。但现在,法国、德国以及欧洲其他国家已经改变了方向。这并不是因为它们对美国重新有了好感,而是在总结过去的经验教训后,面对变化中的国际环境而做出的转变。尼古拉斯·萨科奇(Nicolas Sarkozy)和安格拉·默克尔(Angela Merkel)所采取的有利于美国的外交政策,不仅来自他们独特的个性,更反映了他们对法、德及整个欧洲利益的重新评估。他们认为,与美国保持密切而不盲从的关系将使欧洲的权力和影响力得到极大提升,

---

① 见 The Report of the Pew Global Attitudes Project, "Global Unease with Major World Powers," p. 41。

而如果仅仅依靠自身,欧洲是不可能做到这一点的。希拉克与施罗德曾试图将欧洲塑造为制衡美国的力量,但未能成功。失败的部分原因在于,来自中东欧的欧盟新成员畏惧俄罗斯的复兴而坚持与美国建立紧密的战略联系。

俄罗斯和中国十分懊恼地发现,即便美欧在实力的作用以及武力的使用上存在巨大而持久的观念分歧,但这并不能使美欧之间产生战略上的分裂。"如果你问我法国将与美俄中的哪一国发展更为密切的关系,"萨科奇说,"我的答案会是美国……美欧间的友好关系是世界稳定的基石,至少现在如此"。① 总而言之,从美国在东亚和欧洲的传统盟友所推行的政策来看,尽管国内的民众可能比过去更加反美,但它们担忧更多的是身边崛起的大

---

① Nicolas Sarkozy interview with Europe – 1 Radio, May 4, 2007, quoted in RIA Novosti, Moscow, May 7; Sarkozy interview also published in *The National Interest*, July 1, 2007.

国而非美国。① 随着美欧之间由伊拉克战争而起的分歧逐渐消弭,俄罗斯外交部部长开始担心:"大西洋两岸关系的重新巩固将使我们蒙受损失。"②

在反美情绪高涨的中东,尽管由于美军对伊拉克的占领和虐囚事件,民众心中的怒火仍在熊熊燃烧,但总体的战略平衡并未出现明显转变。虽然华盛顿对约旦、埃及、沙特和摩洛哥的专制政权施加了更大的压力,要求其进行政治改革,但它们仍与美国保持密切合作。波斯湾国家的确在海湾合作委员会的组织框架下联合起来,而它们担忧的同样不是美国而是伊朗。曾旗帜鲜明地站在反美阵营的利比亚,如今也采取了一个更加模糊不清的姿态。黎巴嫩仍是一个战场,但与几年前完全受叙利

---

① 沃尔福思在近十年前就已经预测到了这一点。见 William C. Wohlforth, "The Stability of a Unipolar World," *International Security* 24, No. 1 (Summer 1999)。
② Lavrov, "The Present and the Future of Global Politics."

亚支配时相比,与美国也有所接近。伊拉克也由萨达姆·侯赛因(Saddam Hussein)统治下的那个毫不妥协的反美国家,变为一个依赖美国的国家。一个稳定、亲美的伊拉克将使战略平衡向明显有利于美国的方向转变。伊拉克拥有巨大的石油储量,并可能成为该地区的一支不可忽视的力量。

然而,这种对美国极为有利的战略态势也可能突生剧变。如果伊朗拥有了核武器及运载工具,那么地区战略平衡就可能改变。但同时,与中俄相似,伊朗也受到了本地区力量的制衡。在中东,逊尼派国家联盟对伊朗的扩张和什叶派的影响非常担忧。而由于有美国的支持,加上以色列的协助,这个反伊朗同盟似乎比伊朗所能拼凑起的任何反美同盟都要强大。[1] 虽然已经十分努力地扩大联盟,但在该地区伊朗的盟友只有叙利亚。

---

[1] Gary G. Sick, interview by Bernard Gwertzman, *Foreign Affairs*, January 23, 2007 (online).

伊朗所支持的抵抗运动,如真主党和哈马斯,其力量开始有所恢复,但仍不足以使该地区的战略态势出现革命性变化。

当前,中东并不会出现根本性的战略重组,这种情况与美国在冷战中所遭受的重大战略挫折形成了鲜明对比。20世纪五六十年代,泛阿拉伯民族主义运动席卷中东。借此机会,苏联在中东的影响空前扩大,莫斯科甚至与纳赛尔(Gamal Abdel Nasser)的埃及以及叙利亚建立了一个准同盟。1979年,亲美的伊朗国王被霍梅尼发动的反美革命推翻,美国在该地区的一个重要战略支柱由此倒塌。中东地区的战略平衡随之发生了根本性转变,对美国的灾难性影响延续至今。除伊拉克战争外,还没有什么事件能与之相比。

同时,美国在中东和其他地区的海外军事基地的数量仍在继续增长。自2001年"9·11"事件后,美国在世界许多地区都新增或扩建了军事基地,包括中亚的阿富汗、吉尔吉斯斯坦、巴基斯坦、塔吉克斯坦和乌兹别克斯坦,欧洲的保加利亚、格鲁吉亚、匈牙利、波兰和罗马尼亚以及菲律宾、吉布提、阿曼、卡塔尔,当然还有伊拉克。20世纪80年代,对美国军事存在的敌意迫使美国撤出菲律宾,而到了90年代,这种敌意似乎也威胁到了驻日美军基地。现在,菲律宾人正在反思自己的决定,而日本人对美军基地的愤怒很大程度上也已平息。在德国,美国的军事存在并未导致多少争议,反倒是美国缩减军事基地的计划引发了更大的争论。试想,如果全世界都对"自负的美国霸权"充满畏惧与憎恶,这种情况是不可能发生的。世界上许多国家不仅能够容忍,甚至还非常愿意为美国在地缘政治上的优势提供支持。当然,这并不代表人们热爱美国,这些国家只是希望美国能够提供保护,以应对更加令人担忧的区域性大国。[1]

---

[1] 关于与均势理论的预测背道而驰的全球趋势,最深入的探讨可参见 Keir A. Lieber and Gerard Alexander, "Waiting for Balancing: Why the World Is Not Pushing Back," *International Security* 30, No. 1 (Summer 2005)。

中国的战略家们认为,现存的国际格局短期内不会发生大的变化。这一观点很可能是正确的。只要美国仍处于世界经济的中心地位,仍拥有支配性的军事力量,仍是世界最得人心的政治哲学的首席代言人;只要美国民众仍然支持美国的优势地位,就像他们60年来一直坚持的那样;只要美国的潜在对手们在其邻国心中激起的更多是恐惧而非同情,一超多强的国际体系就将一如既往地延续下去。[①]

这是件好事吗? 答案是:那要看和什么相比了。如果比较的对象是一个更加完美的国际自由秩序,在这个秩序下,国家更平等、自由、民主,更忠于和平,并更加严格地遵守国际法则,那么美国

---

① 在1999年的 篇文章中,亨廷顿提出了"一超与多强并存的单极—多极体系"。他认为这一体系是真正的多极体系建立前一个短暂的过渡阶段。Samuel P. Huntington, "The Lonely Superpower," *Foreign Affairs* 78, No. 2 (March/April 1999).

主导下的现存国际秩序就相差甚远。很不幸,那些正常的人和国家都会有的问题,美国也无法避免。比如傲慢与自私,以及那些因过于谦卑或慷慨而产生的错误。与其他国家一样,美国既会有"妄为"之过,也会有"不作为"之过;既会出现判断失误,也会出现行动失当。但与其他国家不同,由于美国的实力及在国际体系中的重要性,它的错误可能会震动全世界。正如人们在过去的一个世纪中多次观察到的那样:美国就像是一个小房间中的一只大狗,它轻轻摇摇尾巴,东西就都被打翻了。当美国行为不当时(就像在伊拉克那样),其影响很快就扩散至全世界。而当它违反国际规范时,对国际体系产生的影响也会比小国大得多。

但即使美国有着超人的智慧,即使其行为正义且干练,美国的实力仍会激起嫉妒和敌意,甚至在某些地区引发恐惧。对那些本就希望实现于自身有利的权力分配的国家(如中国、俄罗斯和伊朗)来说,美国主导下的秩序显然是一种阻碍。但实际上,即便是欧洲国家也感到了由美国主导的秩序所造成的困难,因为它们虽然对整体的世界权力分配基本满意,但它们仍对无法控制美国感到不安。这并不是一个新问题。即使是在冷战初期,大西洋两岸还处于蜜月期的时候,欧洲人对他们的美国恩人就已产生畏惧和忧虑。正如一位政治家所说:"当你们犯错时,我们无力纠正你们,而你们在纠正自己时又太理想主义了。"[①]

当前国际体系的缺陷十分明显,但现实的选择又在何处？人们可能希望各国达成新的一致,并在此基础上建立一个更加和谐的世界。但随着大国竞争以及欧亚大陆各国间利益和野心冲突的激化,这一愿望将很难实现。即便是在美国强大的保护伞下,有大国卷入的地区冲突仍可能爆发。问题在于假使美国的主导地位被削弱,那么这种冲突究竟是会减少还是增加呢？美国可能并且也

---

① Niebuhr, *The Irony of American History*, p. 133.

确实曾有过自私或愚钝的行为，干扰甚至损害了其他国家的利益。但谁又能保证，在一个多极的世界里，俄罗斯、中国、印度、日本甚至是欧洲就一定能明智而善意地使用它们的权力？由它们构成的这个多极世界的一个显著特征是，大国大多拥有核武器。而这既有可能使它们之间难以爆发战争，也有可能使它们间的战争更具灾难性。

在东亚，大多数国家都认为，一个可靠且居于主导地位的美国有利于该地区的和平与稳定。即使是中国，在寻求逐步替代美国成为地区主导性国家时也面临着两难境地：如果美国撤出，中国将不得不面对一个野心勃勃的、独立的、民族主义的日本。

同样，在欧洲，美国的撤出——即便其仍是世界第一强国——也会带来动荡。美国的离开将诱使俄罗斯变得更加霸道，并可能以强力的方式对待不守规矩的周边国家。由此，俄罗斯与其邻国发生冲突的可能性会立刻增加。作为伟大的地缘政治奇迹，欧盟更是将自身的建立归功于美国的力量。

如果没有美国,法国和英国就绝不会有足够的安全感,从而能在二战后接纳德国重新融入欧洲。此外,尽管大多数欧洲人并不赞同,但欧洲的稳定仍依赖于这样的保证:在不得已时,美国会进行干涉,阻止欧洲大陆的事务向危险的方向发展。

而认为美国在中东地位的削弱将使得该地区更加稳定的想法,同样也过于乐观了。中东地区内外各势力间的影响力之争已经持续了至少两个世纪。而伊斯兰宗教激进主义的崛起不过是增加了一个新的更具威胁性的因素罢了。就算是巴以冲突突然结束,或是美国立即从伊拉克撤军都无法为中东的紧张竞争画下休止符。在一定程度上,如果美国撤出或减少自己的存在,那么中东地区内外的势力便都会想填补权力真空。可以预期,不论美国怎样做,中俄都会加强对中东地区的干预,只要能够保护它们不断增加的利益并满足其日益增长的野心。同样可以预见的是,地区内的强国尤其是伊朗也会努力实现其长久以来的梦想,成为地区霸权。

总之,在世界上的绝大多数战略要地,无论是东亚、欧洲还是中东,美国仍是地区安全的中流砥柱。一旦美国撤出,地区稳定必遭破坏。

从一个更广泛的意义上来说,上述观点也是正确的。在过去的60年中,美国提供了很多公共产品,这些服务不仅使美国,更使许多其他国家受益。举个例子,美国海军为世界各国保障国际航道的安全与自由,即使在美国处于战争状态时亦然。实际上美国并非必须如此。在世界历史的大部分时间内,大国们一直在争夺海上航道与贸易线路的控制权。当它们互相开战,整个国际商业体系都将受到影响,中立国与交战国都将蒙受巨大损失。如果允许这样的情况发生,那么中国将与印度争夺印度洋的控制权,日本与中国也将为两国间海域的控制权而斗争。一旦开战,整个世界的重要贸易线路都会关闭。同样的道理,假如没有强大的美国海军作保障,中东和波斯湾的地区冲突就可能导致霍尔木兹海峡和苏伊士运河的关闭。上述的种种可能之所以并未发生,不是因为世界各国通过学习获得了进步,接受了新的国际行为规范,而是因为美国海军主宰着海洋。

国际秩序的建立绝不仅仅基于观念和制度,还受到权力分配格局的巨大影响。20世纪90年代的国际秩序反映了第二次世界大战和冷战结束后的世界权力格局。而今天的国际秩序则反映了其他大国影响力的崛起,包括那些集权制大国。这是一个完全不同的权力格局,一个多极世界。其中,俄罗斯、中国、美国、印度和欧洲各为一极。该权力格局也将产生与之相对应的国际秩序,有着不同于过去的国际规则与规范,它们所反映的便是塑造这一秩序的大国们的利益。这一国际秩序的建立是一种进步吗?对北京、莫斯科和德黑兰而言,可能是的。但它能否像现存国际体系那样,为美国和欧洲这些开明的民主国家的利益服务则是值得怀疑的。

13. 推动民主国家的协调

　　世界上的民主国家必须开始思考在这个变动不安的世界中应当如何守护利益与捍卫原则。这将包括构建新的手段去评估并赋予相关行动以国际合法性。联合国安理会却无法推动这一目标的实现,因为集权制国家与民主成员之间的分裂已经使安理会陷入了无可奈何的瘫痪。但民主世界仍然需要调和分歧、达成共识的机制。其中一种可能是建立民主国家的全球性协调或同盟。即便在初期以非正式的形式存在,但其目标还是围绕当今的问题在民主国家之间举行例会并进行协商。这一机构能够整合日本、澳大利亚与印度这类亚太国家以及欧洲、北美地区中的欧盟与北约国家,还有包括巴西在内的其他民主国家。迄今为止,巴西这类民主国家除了经贸领域之外彼此间的其他联系相对较少。这一机构是对联合国、北约、八国集团与其他国际组织的补充而不是替代。但这一机构具有十分积极的意义,能够成为坚守民主理念的标志性符号,同时也可以成为一种整合民主国家资源回应诸多联合国无法回应的问题的手段。一旦成功,它就可以强化那些民主国家认为确实必要而专制国家不予支持的行动的合法性。正如北约强化了科索沃干预行动的合法性。

在这样一个民主国家与集权国家分歧不断扩大的世界,全世界的民主主义者必须紧密团结起来。不过这并不要求代表民主世界的力量在所有时候任何地方采取盲目的"十字军东征",或与集权制力量展开暴力对抗。民主国家不必停止与集权制国家间的经贸往来以及终止参与涉及彼此共同利益与分歧利益的相关事件的谈判。但美国和其他民主国家必须致力于协调当今世界的政治分歧,明确自身在民主国家与集权制国家在最重要战略问题的争斗中所扮演的角色。国际事务中的真正现实主义者深刻认识到了一国的外交政策在很大程度上是由政府性质塑造的。世界上的民主国家必须展示彼此间的团结一致以及支持在那些民主空间正在萎缩的地方构建开放性民主的努力。

支持民主之所以具有战略意义,部分原因是这彰显了自由世界的强力以及暴露了集权制国家的弱点。显而易见,当前的中国与俄罗斯对外部的民主性影响仍然无动于衷。但我们不能夸大它们的脆弱性与弱点。就财富与全球影响而言,这些体制比以往更加强大,但现在仍然是民主占据主导地位的时代。因而,这些国家面临着无法规避的"合法性"问题。它们无法像18~19世纪欧洲的君主制那样还能享有历史合法性,因为那时世界只知道专制已经持续了数世纪,其他则知之甚少。目前,这些国家试图创造一种新的合法性,但这绝非易事。

民主国家有一项战略利益,即维护俄罗斯与中国民主希望的存活。冷战结束初期的乐观主义者相信民主化的俄罗斯与中国将成为更好的国际伙伴,这并没有错。一个民主的中国会在很大程度上摆脱与美国处于冲突的认知,部分原因是因为较之一个正在崛起的集权制大国,美国更能容忍一个正在崛起的实行西方式民主的大国。

90年代的失误在于认为民主是必然的。而现在,过度悲观主义已经在很多方面取代了过度乐观主义。很多欧洲人坚持认为外部影响对俄罗斯已经不起作用了。但回顾冷战,这些欧洲人中有很多相信《赫尔辛基协定》对苏联与东欧的演化有着微妙而深远的影响。难道普京时期的俄罗斯比勃列日涅夫时期的苏联更能抵制这些方式吗?普京肯定不这么认为。无论如何,中国的领导人并没有花费数十亿去管制互联网的聊天室以及开展打击"法轮功"的运动。

那么,美国与其他国家应当致力于提升中东的民主水平吗?部分答案在于换位思考,即美国是否应当支持中东的专制?毕竟,这是唯一的选择。在这种问题上不存在中间立场。民主国家或者通过援助、承认、友善的外交关系与定期的经济往来支持专制国家,或者利用各方面的影响力在不同程度上推动民主化改革。决策者与分析人士可能就改革的快慢或施加压力的大小展开争论,但很少有欧洲人以及更少的美国人会认为民主国家应当单纯支持中东的专制国家而一点也不推动其变革。

当下,主要的问题仍然是策略与时机的问题。但无论赞成迅速还是缓慢、强硬还是温和,任何形式的压力都会造成伊斯兰激进主义获取胜利的风险。那么,是否值得冒险呢?类似的问题在冷战期间反复提及,即当美国自由主义者呼吁美国停止援助第三世界的独裁者时,保守主义者与新保守主义者就会告诫:若不进行援助,这些独裁者将会被亲苏联的共产主义者取代。有时候这种担心是必要的,但这些努力通常有助于构建亲美的温和民主政府。里根时期的经验告诉我们,通过利弊衡量,风险是值得承当的。那一时期,在萨尔瓦多、危地马拉、菲律宾、韩国以及其他地方,亲美的民主政府代替了右翼独裁政权。

在中东同样值得一试,不仅作为提升民主的战略,更是作为应对正加速和强化与现代全球化世界对抗的伊斯兰宗教激进主义这个更大目标的组成部分。在处理这个广泛而又危险问题的诸多坏选项中,最好的可能就是加速现代化与全球化进程。正如很多人已经建议的那样:这需要更大的努力在阿拉伯国家支持、拓展资本主义与自由市场以及通过电视与互联网增加它们与世界的公共交流。当然如果这些现代通信工具被运用于组织激进、极端主义势力也是一个必须考虑的负面效应。只要与伊斯兰激进派的碰撞仍在持续,这是不可避免的,迟早都会到来。

最后,民主世界应当继续提升政治民主化;支持包括妇女权益在内的人权运动;运用自身的影响力支持没有压力、能够重复的选举,如果不考虑别的因素,将可持续地使权力从少数人转移到多数人身上。当然,这也将产生负面作用。这提供了一个自我表达、宣泄大众怨恨的渠道,同时某些激进的伊斯兰主义者可能通过选举而掌权。但这个阶段与当下的冲突一样是不可避免的,越早开始,一个新的局面也就会越早产生。[1]

---

[1] 有关这一论点的最初和最精确的阐述可参见 Reuel Marc Gerecht, *The Islamic Paradox* (Washington, D. C. ,2004)。

14. 结 论

我们时代的重大谬误就是秉持这样的信念：自由的国际秩序依赖于理念的胜利，并且是人类社会发展的必然走向。这种非常具有吸引力的观点深深扎根于启蒙运动所具有的世界观，这也是整个自由世界的基础。政治学家提出的现代化理论臆想政治与经济的持续发展必将推动自由主义的提升与发展。而我们的政治哲学研究者则本着历史辩证主义，认为各种世界观在数世纪的斗争之后，最终唯一正确的选择就是自由民主体制。如此自然而然就有很多人倾向于相信冷战之所以以这种方式终结,原因很简单,更好的世界观总是能够赢得胜利的。当今的国际秩序是人类文明发展的某种终结,历史开始从彼此倾轧、侵略走向和平共处与共同繁荣的新阶段。

这些幻想因过于逼真而十分危险。自由民主与自由市场的理念确实有优越之处。终究,所有事物都趋于平等,它们终将战胜另一种世界观,既因为具有了输出物质利益的能力,更因为彰显了人性中最强大的一面,即对个人自治、承认、思想与良心自由的渴望。

一个由自由民主国家组成的世界将逐步构建反映那些自由与民主品质的国际秩序也是符合逻辑的。这寄托了18世纪以来启蒙运动主义者的梦想,康德所设想的"永久和平"的世界便是由自由共和国组成,前提是所有人对和平、舒适生活的天然渴望。尽管有些人或许会不屑一顾,但这一理念确实广受欢迎。从19世纪末兴起的国际仲裁运动到20世纪初对国联的热情,再到二战后对联合国的世界性期许,都体现了"永久和平"的精神。同时,这也是一个十分持久的期许,在经历了一次比一次更具灾难性的两次世界大战以及长期冷战的摧残之后,仍然历久弥新。

在苏联解体之后,人们期待着一个崭新历史时期的到来,这也验证了启蒙运动对国际秩序的设想具有强大的生命力。然而怀疑论的观点也接踵而至。人类是否真的能够走这么远?在人类数千年历史中最具毁灭性的一个世纪才刚刚结束,还没来得及将它埋入深不可测的上古深渊。我们原以为启蒙运动会带来现代性,但现代世界却导致了最大的恐惧,如大规模侵略、总体战、饥荒、种族灭绝以及核武器。在重新审视这些恐怖的现实之后,我们认识到了现代性带来的不仅仅是"善行"还有"邪恶"。这是20世纪哲学探讨的重要议题。那么,还有什么理由相信1989年之后人类会突然间迎来一个崭新的国际秩序?

沉迷于冷战末期炫目表演的人往往会忽视用

来搭建脚手架的钢丝与立柱,而正是这些才使人类历史的进步成为可能。人类历史进程并非必然走向自由民主。事实上,战争的胜负、社会运动的成败、经济政策能否贯彻执行都会影响历史的走向。民主制的拓展并不仅仅是经济与政治发展所带来的必然结果。在可预见的历史阶段中,依据已知的因果法则,我们无法判断这样的进程是否真实存在。[1]

我们能够知道的只有这些事实:民主制在世界上的变迁与赞成自由民主理念的国家、人民的力量在实力天平中的变化一致;在二战中,民主国家战胜了法西斯主义;在随后的冷战中,民主国家在与共产主义的斗争中又一次赢得了胜利,于是民主制占据了优势。然而胜利并非历史的必然,

---

[1] 对于有关民主发展阶段的各种理论的一个提示性说明可参见 Thomas Carothers, "The Sequencing Fallacy," *Journal of Democracy* 18, No. 1 (January 2007)。

也未必能够持久。当下,集权制大国正力图东山再起,伊斯兰极端主义势力也再度复苏、活跃,这对自由民主秩序无疑是一种削弱,这种削弱在今后几年甚至几十年都很可能持续下去。

二战后是人类历史上对国际新秩序的渴望最为强烈的又一个时刻。汉斯·摩根索(Hans Morgenthau)曾警告理想主义者试想一下在某个时刻"最后的大幕落下,权力政治游戏终结"会是怎样一种状态。① 但世界斗争却从当时一直持续到现在。60年前美国领导人坚信美国有能力、有责任运用力量防止世界退回到造成世界大战与数不清的国家灾难的恶劣情形之中。即便是一直告诫美国不能过于野心膨胀与迷信自身实力的莱因霍尔德·尼布尔也秉持这样的信念:"如果美国不能

---

① Hans J. Morgenthau, *Politics among Nations: The Struggle for Power and Peace* (New York, 1948), p. 20.

尽心尽力,那么世界上的问题就无法得到解决。"①目前美国与民主世界的其他国家一道承担责任。较之二战结束时,民主世界已经得到了极大的发展。未来的国际秩序将取决于那些有能力、有共同意愿去塑造秩序的国家。现在的关键问题是民主世界是否能够再一次顺利应对挑战。

---

① Reinhold Niebuhr, "American Power and World Responsibility," *Christianity and Crisis*, April 5, 1943, in D. B. Robertson, ed., *Love and Justice: Selections from the Shorter Writings of Reinhold Niebuhr* (Cleveland, 1967), p. 200.

图书在版编目(CIP)数据

历史的回归和梦想的终结/(美)卡根(Kagan, R.)著. 陈小鼎译. —北京:社会科学文献出版社, 2013.3
(美国研究译丛)
ISBN 978 - 7 - 5097 - 4179 - 5

Ⅰ.①历… Ⅱ.①卡… ②陈… Ⅲ.①国际关系 – 研究 Ⅳ.①D81

中国版本图书馆 CIP 数据核字(2012)第 315980 号

·美国研究译丛·
历史的回归和梦想的终结

著　者	罗伯特·卡根(Robert Kagan)
译　者	陈小鼎
出版人	谢寿光
出版者	社会科学文献出版社
地　址	北京市西城区北三环中路甲 29 号院 3 号楼华龙大厦
邮政编码	100029
责任部门	全球与地区问题出版中心　　责任编辑/张金勇
	(010) 59367004　　　　　　　　　　王晓卿
电子信箱	bianyibu@ ssap.cn　　　　　责任校对/王海荣
项目统筹	祝得彬　　　　　　　　　　　责任印制/岳　阳
经　销	社会科学文献出版社市场营销中心
	(010) 59367081　59367089
读者服务	读者服务中心 (010) 59367028
印　装	北京鹏润伟业印刷有限公司
开　本	889mm×1194mm　1/32　　印　张/6
版　次	2013 年 3 月第 1 版　　　　　字　数/70 千字
印　次	2013 年 3 月第 1 次印刷
书　号	ISBN 978 - 7 - 5097 - 4179 - 5
著作权合同登记号	图字 01 - 2012 - 9349 号
定　价	29.00 元

本书如有破损、缺页、装订错误, 请与本社读者服务中心联系更换
▲ 版权所有 翻印必究